(M)Ein Krug-Zer-Bruch Buch

Hinderk M. Emrich

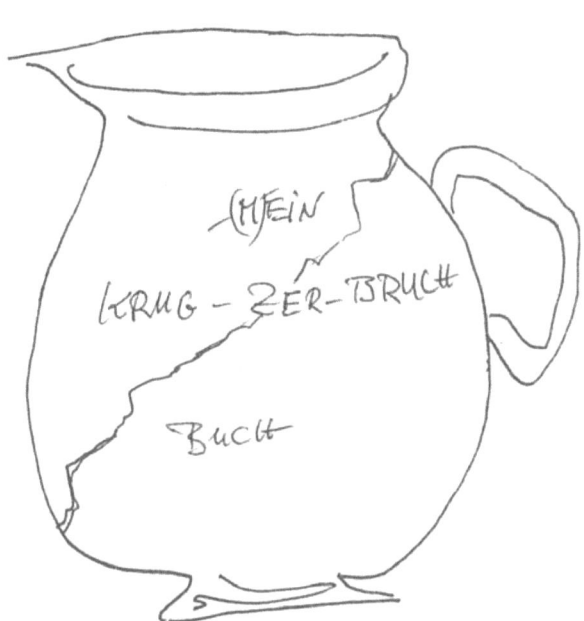

FRAKTUR-STÜCKE

zur

Inszenierung von

H. .v. Kleist „Der zerbrochne Krug"

Burgtheater Wien, Herbst/Winter

1990

Regie: Andrea Breth

Bibliografische Information der Deutschen Nationalbibliothek:
Die Deutsche Nationalbibliothek verzeichnet diese Publikation in der Deutschen Nationalbibliografie; detaillierte bibliografische Daten sind im Internet über http://dnb.dnb.de abrufbar.

© 2013 Hinderk M. Emrich

Herstellung und Verlag: BoD – Books on Demand, Norderstedt

ISBN: 978-3-7322-9474-9

INHALT

VORWORT 7
1.0 Widmung und Vor-wort.................................9
2.0 Protokoll der Probenvorbesprechung,
Burgtheater, 16.6.1990, Andrea Breth,
Protokoll: HME...11
3.0 Vom DABEI-SEIN 17
4.0 Kants Kleist-Krise und ihre „Lösung" im
„Zerbrochnen Krug"...19
5.0 Das Syndrom des „dem Bett-Entsteigens":
veränderte Welt..39
6.0 Zur Symbolik des Kruges: der „Zerbrochne Krug"
als Geheimbotschaft 41
7.0 Das Vier-Stufen-Modell des „Zerbrochnen Krugs"
....51
8.0 Auffälligkeiten beim Hören und Lesen:
„Doppelbedeutungsrauschen" 55
9.0 Exkurs: der „merkwürdig zer-streute" Adam:
Zur „Einheit der Person als Grenzbegriff" 67
10.0 Überempirisches Vertrauen – überempirisches
Misstrauen – Zum XII. Bild 87
11.0 Anhang: Auszug aus meinen Probenprotokollen
....95

6

VORWORT

„Mein Krug-Zer-bruch-Buch" habe ich vor 22 Jahren geschrieben, damals unter dem phänomenalen Eindruck der Regiearbeit von Andrea Breth am Burgtheater Wien, an der ich als Regiegast teilnehmen durfte. Ich habe den Text damals als Privatdruck herausgegeben.

Jetzt möchte ich, auf Anregung meines Freundes und Kollegen PD Dr. Dr. Jann Schlimme, das Büchlein einem größeren Leserkreis zugänglich machen, da es Aspekte enthält, die auch heute noch interessant sein können (z.B. die „grünen Gläser", die sich auf die „Kant-Krise" Kleists beziehen, die einen sowohl erkenntnistheoretischen als auch existentiellen Hintergrund betreffen).

Hinderk Emrich

1.0 Widmung und Vor-wort

Dieses Buch, mein Krug-Zer-Bruch-Buch, widme und schenke ich Andrea Breth und den Mitgliedern des Ensembles zum Dank für die an- und aufregenden Proben, die ich in der Zeit vom 17. September bis zur Premiere im Dezember 1990 miterleben durfte.

Choreographie der Vieldimensionalität: Die Auffassung des „Zerbrochnen Krugs" als einen vieldimensionalen inneren und äußeren Kosmos, bei dem auf sprachlicher Ebene stets verschiedene Stränge, z.T. gegenläufige, vorhanden sind und in dem die insgesamt zwölf Figuren komplexe Bedeutungsträger sind, erfordert eine besondere Form der Regie. Andrea Breth führt eine „Orchestrierung" von Emotionsgebilden vor, eine Choreographie über die Bühne wandernder Impulse: eine Motivations- und Emotionspolyphonie, die die Innenwelt, die innere Zerfallenheit, Zerlegtheit und Widersprüchlichkeit des Ich (Adams) mit sich selbst zugleich mit dem gesellschaftlichen Einbruch der Neuzeit, repräsentiert. Was bei dieser Inszenierung ganz extrem zum Tragen kommt, das ist diese konkrete Repräsentation der Wanderung von Impulsen auf der Bühne im Sinne eines vieldimensionalen Geschehens. Zentralbegriff ist dabei das Wort „existentiell": es ist existentiell, was hier geschieht, existentielle bedrohend und gleichzeitig existentiell aufklärend.

Dieses Buch ist meine sehr persönliche Sicht einer intensiven Erfahrung und sollte deshalb von Fachleuten nur kopfschüttelnd, stirnrunzelnd oder (am besten) gar nicht zur Kenntnis genommen werden.

2.0 Protokoll der Probenvorbesprechung, Burgtheater, 16.6.1990, Andrea Breth, Protokoll: HME

Bei dem Stück handelt es sich um einen Weltsturz; der Krugzerbruch ist u.a. eine Reaktion auf Kant, den „großen Zertrümmerer". Adam wird aus der Welt getrieben, wer aber übernimmt die Welt? Walter und Licht sind die neuen Herren, es bleibt Kälte übrig; die Frage stellt sich: wo kriegt man hier noch ein Recht? Diese Frage müsste einem Kafka-artig um die Ohren fliegen. Aber: nicht den Kant-Fuß auf die Bühne setzen!

Musik zu Beginn: Diese sollte eine gewisse Heiligkeit zeigen. Assoziationen an die Schöpfung von Haydn. Es könnten Stimmen erklingen etwa aus John Miltons „Paradise lost". Der Sündenfall ist präsent, und der Cherubim vertreibt beide Menschen aus dem Paradiese. Man könnte das Symbol des brennenden Ochsen verwenden, aber nicht mit dem Zeigefinger, sonder so, dass immer dann, wenn man etwas merkt, es schon weg ist. Es bricht ein Chaos aus und für die Figur des Adam bedeutet dies: ihm verschwindet die Welt.

Gott zieht sich aus dem Geschäft heraus, und der Mensch selber muss sich richten. Dabei geraten alle Figuren in eine katastrophale Zuständlichkeit, weil sie die Welt buchstäblich nicht mehr verstehen: dies betrifft alle Beziehungen, die dabei zerbrechen. Es gibt keinen Vater, keine Mutter mehr; die Natur verändert sich in der Wahrnehmung, die Menschen stürzen in ein inneres Chaos; Assoziation an die „Schwarze Spinne" von Jeremias Gotthelf, Sehen des Teufels.

Bei dieser Konzeption des Vorspiels als möglicherweise „geglücktem Vorspiel" stellt sich die Frage, ob es „bieder" weitergehen kann. Die weitere Umsetzung sollte so erfolgen, dass sie im Jetzt bleibt und gleichermaßen in der Vergangenheit; die Begegnung zwischen Adam und Eve erinnert an Kleists Novelle „Der Findling". Hier verstrickt das „absolut böse Geschöpf" in einem grandiosen „Augen-Blick" einen Menschen in eine Verführungssituation durch Ausnutzung einer unverarbeiteten Liebesgeschichte. Es treten Risse in der Realität auf, Sprünge zwischen Objektivität und Subjektivität werden sichtbar; die entsetzliche Realität von Alpträumen kann durch Verlangsamungen deutlich gemacht werden. Die Zuschauer innerhalb der Gerichtsszene auf der Bühne haben vor dem Gericht Angst, und psychologisch ist die Situation so gestaltet, dass, bevor es losgeht, da jemand da ist, der anders angezogen ist (Gerichtsrat Walter, politische Seite der Krug-Erzählung).

Ästhetik: Mischung aus langsamer Besteigung und Abgrund; Klima: kalt und punktuell; künstliche Beleuchtung, die das Gesicht plötzlich herausstellt. Assoziationen an den Höllenschlund aus der Paradiesmalerei; „es ist ein Engel durch den Raum gegangen; es ist etwas passiert, was unbenennbar ist," auch der „Klang der Welt" wird verändert, wir finden uns in einer Betonburg vor, in der alles hohl und hallend ist. Durch Verwendung von Mikroports kann man erreichen, dass man Schritte anders hört; es entsteht ein Klima, in dem man sagt, man geht zum Gericht in Utrecht, aber mang geht nicht hin, weil es sinnlos ist.

Der Krug zerscherbt, und die Krug-Erzählung muss ein Martyrium werden für einige – außer Adam (der gewinnt nämlich Zeit!). Es gibt dieses Wuchtige, Vehemente, Absolute bei Kleist, etwas, das die Menschen in furchtbare Situationen jagt; dabei haben alles etwas hinter sich. Sie wurde in der Nacht vor dem Gerichtstag schlaflos gehalten, sie sind in Schlamm, in einen Hohlweg geraten, Spuren sind in Eis gelegt, und die Menschen latschen durch ein Betonfeld. Es muss eine Art „Blicksog" erreicht werden, es muss gezeigt werden, dass da ein Kosmos ist, ein Weltentwurf, eine runde Welt, die sich spaltet: Bretter ragen heraus, etwas ist abgenagt, es sind nur noch Ausschnitte vorhanden, es könnte etwas vom Paradies sein, die Menschen lungern da herum; vielleicht ist da ein „Steinpferd", aber die Menschen spielen damit, als sei das alles in Ordnung, alles o.k. Was ist real, was ist irreal, was ist surreal? Hier wird eine Spielweise von pingeligster Genauigkeit benötigt, wobei der Text (der Text ist groß) die Stütze darstellt; die Spielweise ist in ungeheuerlicher Weise gebrochen und nicht im eigentlichen Sinne „logisch". Es gibt eine Art von ungeprüfter Verabredung, wie sich eine Rede vor Gericht anhört – dagegen ist die Sprache in Utrecht „modern", „anders". Die Figuren sind zwar aus sich heraus verständlich, von außen bleiben sie aber unverständlich; alle kennen sich nicht mehr; warum ist der andere nicht mehr so, wie er vor 5 Stunden war? Alle haben dafür Sorge zu tragen, dass es höllisch schwer ist herauszubekommen, was wirklich los gewesen ist.

Das Stück ist aus einem Wettbewerb entstanden; Anlass war der bekannte Kupferstich von Jean Jaques Le Veau „Le Juge ou la Cruche cassée"; Angeklagter und Kläger haben keine Sitzmöglichkeit. Kleist transportiert die Geschichte so, dass eine Unerbittlichkeit, eine Wut über die Dinge entsteht; so wollte er auch Goethe erschießen, weil er das Stück zu Schanden geritten hat. Der Kultursalat im Stück darf nicht kunstgewerblich, „putzig" behandelt werden. Dies wäre ein Verbrechen an der Sache. Man muss vielmehr die politischen Stränge begreifen. Alle nehmen irgendwie an der Sache teil. En Beispiel ist die Motorik der Figur von Alter: nicht sitzen. Es gibt so eine Psychologie der Motorik mit signalhafter Bedeutung: wer steht auf, wenn alle sitzen, etc.?

Adam kommt aus dem Loch, aus dem Abgrund; das Gericht muss erst hergestellt werden. Aus bestimmten Gründen geht es nicht in seinen Kopf hinein, dass dieses Gericht zustande kommt, obwohl man doch schon über Kilometer redet: „Der Gerichtsrat kommt". Und Adam muss erst mal von den anderen angezogen werden.

Hier prallen zwei Welten aufeinander: Walter und Adam: zwei grundverschiedene Menschen versuchen, sich zu unterhalten. Peinlichkeit und Schwätzzwang, überdreht und hirnlos. Dieser Schwätzzwang hat zu tun mit der Theorie Kleists über die „Verfertigung der Gedanken beim Sprechen", denn bei Adam geht es um die Wurst, es geht ums Leben, und er macht den Mund auf und will lügen und ... sagt die Wahrheit. Es ist so, als wäre eine andere Macht im Raum, die etwas verursacht, dass plötzlich die Wahrheit herauskommt, wenn die Lüge geplant ist. So geht es auch Ruprecht: er spricht Bilder aus, die sexuell aufgeladen sind, ohne dies gewollt zu haben, und diese sagt er dem Adam.

Auch in diesem Sinne ist der Blick Ruprecht – Eve ein Wahrheitsmoment. Eve fällt in die Sünde und lernt das Lügen. Von symbolischer Kraft ist auch der Kuss, den Gerichtsrat Walter von Eve will (Assoziation an Altes Testament: „Richter"); von tiefenpsychologischer Bedeutung ist ferner das autoritäre Vater-Sohn-Verhältnis bei Ruprecht. Da regiert Gewalt und es brodelt unter der Oberfläche- Zwischen Adam und Eve spielt sich so etwas ab wie wenn der „Blitz einschlüge"; Eve war in einer Erregung, in der sie sich anders verhalten hat als sie sich normalerweise verhalten würde; beide waren darauf nicht vorbereitet. (Assoziation an die Novelle von Stendhal „Über die Liebe"). Adam dürfte ein Mann sein, der keine Schwierigkeiten hat, an Frauen ranzukommen; aber hier muss er sich was einfallen lassen, er muss etwas inszenieren; und es ist das Verbotene, was sich hier zwischen diesen beiden Menschen inszeniert, da gerät etwas lawinenartig ins Rollen, das die ganze Welt mit in den Abgrund stürzt.

Die Germanisten steuern in der Regel auf Penthesilea los und übersehen den Krug, wobei dieser aber das erste Stück nach Kleists Kant-Krise war. Adam als Identifikationsfigur der Lebenslust; dagegen eine Welt, die durchrationalisiert sein soll.

Zwischen Walter und Adam besteht eine „geistige Rivalität". In vieler Hinsicht ist – ohne dass das eigentlich bemerkt wird – Adam dem Walter überlegen. Finessen im Hinblick auf Weinsorten (Niersteiner/Oppenheimer) und in juristischer Hinsicht; Adam überrascht durch sein juristisches Wissen. Die Verweise auf Pufendorf sind durchaus ernst gemeint: er kann „Recht so oder so erteilen". Insofern ist das Essen als eine Art Schlacht zwischen den beiden Männern aufzufassen. Diese beiden Männer sind wie zwei Hunde, die sich nicht verstehen und die sich nicht „riechen" können.

Es wird die These vertreten: jede Szene ist im Grunde ein anderes Stück. Es handelt sich nicht um eine kontinuierliche Erzählung, sondern es treten stimmungsmäßig Sturzflüge und Kehrtwendungen auf (was ist Lüge, was ist Wahrheit?), und es fällt noch eines auf: für Walter ist die ganze Sache eine unerfreuliche Strafexpedition: er ist derjenige, der Geld zu diesen Leuten bringt.

3.0 Vom DABEI-SEIN

Einem Text begegnen, wiederbegegnen und immer wieder neu begegnen: Erfahrungen, die man bei intensiven Proben eines Theaterstücks machen kann im Hinblick auf das Verständnis des Textes sind extrem in der Hinsicht, dass beim Text durch immer wieder4 neues Hören und Wiederhören immer wieder neue Versuche des Regisseurs und der Schauspieler, den Text neu zu interpretieren und auszuloten, neue Perspektiven im Verständnis entstehen. Dies umso mehr, wenn es sich um ein so rätselhaftes und in sich gebrochenes Stück handelt wie den „Zerbrochnen Krug". Diese Arbeit hat mir völlig neue Einsichten in die Struktur dieses Stückes vermittelt.

4.0 Kants Kleist-Krise und ihre „Lösung" im „Zerbrochnen Krug"

Andrea Breth hat darauf hingewiesen, dass das erste literarische Werk, das Kleist nach seiner geheimnisumwitterten „Würzburger Reise", auf der er seine „Kant-Krise" durchmachte, schrieb, der „Zerbrochne Krug" gewesen ist. Sie stellte zugleich die Hypothese auf, dass die Krugzertrümmerung mit dem Einsturz der Metaphysik zu tun habe, die durch Kant als den „großen Zertrümmerer" in der Wende des 18. zum 19. Jahrhundert erfolgte. Die Krugzertrümmerung repräsentiert eine Art Weltensturz, einen Weltbildzerfall, und damit verbunden einen Zerfall gesellschaftlicher, ethischer und rechtlicher Normen, in dessen Konsequenz zu fragen sei: „Wie kommt man hier noch zu seinem Recht?" Die Kant-Krise Kleists ist schon seit langem Gegenstand literarhistorisch/philosophischer Forschung – man vergleiche Ernst Cassirers Vortrag vor der Berliner Kantgesellschaft am 15. November 1918 „Heinrich von Kleist und die Kantische Philosophie" – die Frage nach dieser Krise stellt sich hier neu, nämlich unter dem Blickwinkel: Wie ist die Beziehung Kleists zu Kant im Hinblick auf den „Zerbrochnen Krug" zu denken? Dies ist eine nicht leichte Aufgabe: ein philosophisch/psychologisches Rätsel zu lösen, das ca. 200 Jahre zurückliegt. Denn ein psychologisches Rätsel ist das in der Tat;

Kleist war wirklich in einer sehr schweren seelischen Krise („. . . lächle nicht über einen . . . , der sich tief in seinem heiligsten Innern . . . verwundet fühlt. Mein einziges, mein höchstes Ziel ist gesunken, und ich habe nun keines mehr."; Brief vom 22.03.1801 an die Verlobte Wilhelmine von Zenge) - Pulizer spricht von einer „Identitätskrise".

Kleist war zweifellos ein rätselhafter Mensch; seine Briefe, die er von der Würzburger Reise aus an seine Verlobte, Wilhelmine von Zenge, geschrieben hat, gehören zum erstaunlichsten, was man je von einem Genie hat lesen können. Über sich selbst schreibt er einmal an seine Schwester Ulrike: „Ich weiß nicht, was ist Dir über mich u n a u s s p r e c h l i c h e n Menschen sagen soll. - Ich wollte, ich könnte mir das Herz aus dem Leibe reißen, in diesen Brief packen, und Dir zuschicken. - Dummer Gedanke." Was wir also über die wahren Zusammenhänge zwischen Kleists Kant-Krise und den „Krug" herausfinden können, muss Stückwerk, muss Fragment bleiben. Aber vielleicht ist es wenigstens interessant.

4.1 Zur Metapher der „grünen Gläser"

Am 22. März 1801 schrieb Kleist in einem Brief an seine Verlobte Wilhelmine von Zenge u.a. Folgendes: „Wenn alle Menschen statt der Augen grüne Gläser hätten, so würden sie urteilen müssen, die Gegenstände, welche sie dadurch erblicken, s i n d grün - und nie würden sie entscheiden können, ob ihr Auge ihnen die Dinge zeigt, wie sie sind, oder ob es nicht etwas zu ihnen hinzutut, was nicht ihnen, sondern dem Auge gehört. So ist es mit dem Verstande. Wir können nicht entscheiden, ob das, was wir Wahrheit nennen, wahrhaft Wahrheit ist, oder ob es uns nur so scheint."

Ich möchte nun versuchen, diesen Text und einige andere damit zusammenhängende Textstellen mit Kants Philosophie in Zusammenhang zu bringen,

a) in allgemeiner Weise durch Eingehen auf die Transzendentalphilosophie von kant und Fichte,

b) in einer Sichtweise, die der üblichen Deutung z.T. widerspricht, sie zumindest aber ergänzt und erweitert,

c) durch zusätzliche Bezugnahme zum „Krug", in der Weise, dass behauptet wird, dass Kleist die Kant-Krise nicht nur h a t t e und dass sie sich im „Krug" niederschlug, sondern dass Kleist auch versuchte, im „Krug" die Kant-Krise in gewisser Wiese auch zu bewältigen und zu lösen.

Diese etwas eigenartige Form der Didaktik kommt hier dadurch zustande, dass Kleist selbst so verfuhr, und die Forschung dabei mit Einführung der Metapher von den grünen Gläsern ursprünglich möglicherweise ein bisschen auf die falsche Fährte gelockt hat. Kleist hatte ja wenig Zutrauen zu den philosophischen Kenntnissen seiner Verlobten – Pulizer spricht zurecht von den „unseligen" Denkübungen, die er ihr verordnete

– und versuchte offensichtlich, mit dieser Metapher Wilhelmine einen Ultraschnellkurs in Transzendentalphilosophie zu verpassen (seiner Schwester Ulrike gegenüber lässt er dieses Beispiel in dem einen Tag später geschriebenen Parallelbrief fort). So schreibt er an Wilhelmine: „Vor kurzem ward ich mit der neueren, sogenannten Kantischen Philosophie bekannt – und Dir muß ich jetzt daraus einen Gedanken mitteilen, indem ich nicht fürchten darf, daß er dich so tief, so schmerzhaft erschüttern wird als mich. Auch kennst Du das Ganze nicht hinlänglich, um sein Interesse vollständig zu begreifen. Ich will indessen so deutlich sprechen als möglich." Dies als Vorrede zu dem grüne Gläser-Paradigma, das er später übrigens wieder relativierte und als für die Kantische Philosophie nicht ganz zutreffend erklärt hat.

Aber gleichwohl: worauf Kleist hier anspielt, ist die in der „Kritik der reinen Vernunft" vollzogene sog. „kopernikanische Wende" Kants, mit der er wesentliche Teile der klassischen Metaphysik zum Einsturz gebracht hatte, der Gedanke nämlich, dass der Erkenntnisprozess gewissermaßen stets auf sich selbst hereinfällt, wenn er die Entstehungsvoraussetzung von Erkenntnis von demjenigen, was erkannt werden soll, niemals abtrennen kann, kurz gesagt: wie viel von dem mir erscheinenden Objekt („Welt der Erscheinung") stammt vom Beobachter, von seinen, Kleistisch gesprochen, „grünen Gläsern"? Kant hat in der „Kritik der reinen Vernunft" diese

Frage radikalisiert und das Vermögen des Verstandes generell einer derartigen Kritik unterzogen, wobei die Hauptfrage darin liegt: wie sind s y n t h e t i s c h e Urteile a priori möglich? Diese noch fundamentalere Seite der Kritik der reinen Vernunft kommt in dem Beispiel von den „grünen Gläsern" nicht vor, und darin sah Kleist später zu Recht auch die Schwäche dieses Bildes. Allerdings: wie hätte er in einem einfachen Bilde das Synthesisproblem darstellen sollen?

Was Kleist mit der Metapher der grünen Gläser tatsächlich meinte, lässt sich eindrucksvoll anhand einer Wahrnehmungsillusion demonstrieren, die in Abb. 1 dargestellt ist. Die darin gezeigten Keilschriftzeichen erscheinen in der oberen Bildhälfte (fälschlich) konvex, in der unteren konkav. Wenn man jedoch die Abbildung auf den Kopf stellt, kommt überraschenderweise keine Umkehrung der Raumtiefe-Wahrnehmung zustande.

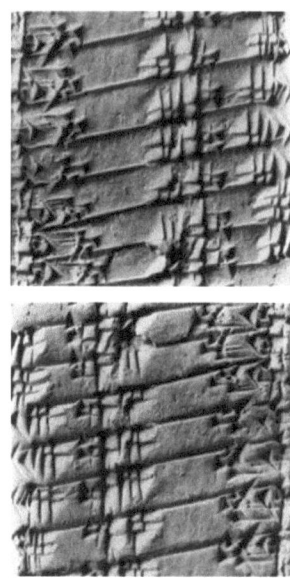

Abb.1: Babylonische Keilschrifttafel. In der oberen Hälfte ist die Abbildung auf den Kopf gestellt, wodurch die Struktur als Erhebung statt als Vertiefung wahrgenommen wird. Durch Umdrehen des Buches kehrt der Effekt sich um. (aus: Rock, I.: Wahrnehmung. Spektrum der Wissenschaft, Heidelberg, 1985).

Wie in Abb. 2 gezeigt wird, kommt dies dadurch zustande, dass die Raumtiefe vom Beobachter – der üblichen Erfahrung entsprechend – in der Weise „konstruiert" wird, dass die Beleuchtung als von oben kommen vorausgesetzt wird. In ähnlicher Weise wie in Kleists Beispiel von den „grünen Gläsern" hängt also das Wahrnehmungsergebnis von der Interpretationsweise des Beobachters ab.

Abb. 2: Das Erlebnis der räumlichen Wahrnehmung von Hohlkugeln hängt von der Beleuchtungsrichtung ab (modifiziert nach Ramachandran, 1988)

4.3 Kleists Teleologie-Thema

In seinem Vortrag vom 15.11.1918 „Heinrich von Kleist und die Kantische Philosophie" vor der Berliner Kleist-Gesellschaft hat Ernst Cassirer bereits darauf hingewiesen, dass die Themen der Kritik der reinen Vernunft nicht diejenigen gewesen sein können, die Kleist im März 1801 in die „Kant-Krise" stürzten. Die Thesen der Kritik der reinen Vernunft waren ihm nämlich bereits seit mindestens zwei Jahren bekannt, und er hatte seiner Schwester Ulrike gegenüber bereits angekündigt, er wolle in Paris über Kant vortragen. Zwar ist es richtig, dass die Kritik der reinen Vernunft für die damalige Zeit eine explosionsartige Wirkung entfaltete - Dieter Henrich spricht von einem vor ca. 200 Jahren erfolgten „Vulkanausbruch", an dem wir heute noch zu nahe daran seien, um ihn wirklich beurteilen zu können. Und es ist auch bekannt, welche dramatischen Wirkungen Fichte bei seinen Vorlesungen über die „Wissenschaftslehre" bei seinen Studenten der Transzendentalphilosophie hervorbrachte, die das Gefühl eines Sturzes ins Bodenlose, eines Falls ins Dunkle durchmachen mussten (eben den Verlust des naiven Realismus), um die Wissenschaftslehre „durchvollziehen" zu können. Diese Krise - wenn sie denn bei Kleist eine war - hatte dieser bereits hinter sich gebracht, als er die Briefe an Schwester und Verlobte schrieb. Welche Gedanken Kants waren es denn nun aber eigentlich, die bei Kleist solche brisanten Folgen hatten, dass er schreiben konnte: „Es scheint, als ob ich eines von den Opfern der Torheit werden würde, deren die Kantische Philosophie so viele auf dem Gewissen hat. Mich ekelt vor dieser Gesellschaft, und doch kann ich mich nicht losringen aus ihren Banden. Der Gedanke, daß wir hinieden von der Wahrheit nichts, gar nichts, wissen, daß das, was wir hier Wahrheit nennen, nach dem Tode ganz anders heißt, und das folglich das Bestreben, sich ein Eigentum zu erwerben, das uns auch in das Grab folgt, ganz vergeblich und fruchtlos ist, dieser Gedanke hat mich in dem Heiligtum meiner Seele erschüttert - Mein *einziges* und *höchstes*

Ziel ist gesunken, ich habe keines mehr. Seitdem ekelt mich vor den Büchern, ich lege die Hände in den Schoß, und suche ein neues Ziel, dem mein Geist, frohbeschäftigt, von neuem entgegenschreiten könnte" (Brief an Ulrike von Kleist vom 23.3.1801). Cassirer hat in seiner Arbeit die Hypothese gewagt, der Auslöser für diese Textstellen sei die Lektüre von Fichtes „Die Bestimmung des Menschen". Die Belege, die Cassirer hierfür bringt, sind relativ wenig überzeugend. Zweifellos ist es denkbar, dass Kleist dieses Buch kannte und auch ernst genommen hat. Hierfür sprechen z.T. gewisse sprachliche Parallelen, auf die Cassirer hinweist. Eine viel überzeugendere Perspektive auf dieses Problem wird aber von Ludwig Muth in seiner Arbeit: Kleist und Kant. Versuch einer neuen Interpretation" im Jahre 1954 vorgelegt (vgl. auch Thodorus C. von Stockum: „Heinrich von Kleist und die Kant-Krise", 1955). Muths Hypothese lautet, dass Kleist im Frühjahr 1801 zum ersten Mal Kants „Kritik der Urteilskraft" gelesen hat, und dass deren zweiter Teil (Kritik der teleologischen Urteilskraft) die Ursache für die Krise gewesen sei. In diesem 2. Teil der „Kritik der Urteilskraft" (1790/1793/1799), die in gewissem Sinne eigentlich eine vierte Kritik ist, stellt Kant nämlich eine Frage, die den jungen, „auf der Suche nach Identität" (Pulizer) befindlichen Kleist enorm aufregen, umtreiben musste, nämlich die nach dem S i n n der Situation, in der wir uns vorfinden: in ganz besonderer Weise fragt Kant nach den „letzten Dingen",

Gott und Unsterblichkeit. Nicht mehr wird gefragt, was ist Geist und Bewusstsein, was heißt es, sich als mit Verstand und Vernunft begabtes Wesen vorzufinden (Kritik der reinen Vernunft), es wird auch nicht gefragt: wie lässt sich eine Ethik begründen, worin besteht sie und wie steht es mit dem Postulat der Freiheit (Postulatenmetaphysik, Kritik der praktischen Vernunft), sondern Kant fragt nach dem Reich der letzten Zwecke: Wenn es richtig ist, dass die Natur offensichtlich so konstituiert ist, dass sie auf quasi „eingebaute" innere Ziele hin angelegt ist (Teleologie), bedeutet dieser Befund, dass auch mein Leben als Naturwesen auf ein in sich sinnvolles Ziel angelegt ist, auf das mein Leben zustrebt, oder ist gerade dies eine trügerische Illusion? Ist es nicht vielleicht so, dass bei dem Befund der teleologischen Verfasstheit der Natur es uns etwa immer nur so erscheint, als seien die Dinge der Natur in einer inneren Zielgerichtetheit befindlich, und dass in Wirklichkeit dem zielgerichteten Erscheinungsbild ein blinder und toter Mechanismus zugrunde liegt, d.h., muss nicht ebenso, wie im Bereich der Metaphysik des Verstandes und der Moral, eine Desillusionierung im Hinblick auf die Sinnfrage Platz greifen, die in niederschmetternder Weise uns Menschen aus einer sinngebenden und vertrauten Gotteswelt hinabstürzt in einen maschinalen, unbelebten mechanischen Apparatismus, der jede Form von adäquater Selbstinterpretation als freies geistiges

Wesen zunichte macht?[1] (Von dieser Warte aus erscheint übrigens das Beispiel von den „grünen Gläsern" gar nicht mehr so unpassend, weil es nämlich das Moment der transzendentalphilosophischen „Desillusionierung" richtig widerspiegelt.) In der Tat hat diese skeptizistische Seite der Kritik der Urteilskraft sich ja bis heute durchgesetzt, man denke beispielsweise an das Buch des Biophysik-Nobelpreisträgers Manfred Eigen „Das Spiel", an seinen Homunculus-Aufsatz oder andere Arbeiten der gegenwärtigen Evolutionsbiologie, in denen nur noch biologischer, d.h. apparativer Sinn, aber nicht mehr metaphysischer Sinn im Sinne von wertestiftenden Instanzen vorkommt (vgl. Spaemann/Löw: Die Frage Wozu). Eine solche radikale Sinnfrage, die auch die Thematik der vorwärtsdrängenden Wissenschaften, des Empirismus und es Szientismus vorwegnimmt, und die vor allem zu dem Ergebnis kommt, daß Sinngebung nicht *bewiesen* werden sondern lediglich als notwendiges Postulat aufgewiesen werden kann, muß den jungen, in einer Identitätskrise und Identitäts-Suche befindlichen Kleist zutiefst verunsichert und für ihn zu einer Art Welteneinsturz geführt haben, so dass der Satz verständlich wird: „Lächle nicht über einen, der sich tief in seinem Inneren davon verwundet fühlt". Die Krise war eben gerade *keine* der

---

[1] Das Hauptwerk des von Adam als „Puffendorf" erwähnten Rechtsphilosophen Samuel Freiherr von Pufendorf ist eine Teleologie: „De iure naturae et gentium".

Erkenntnistheorie. Der Fall ins Bodenlose bei der Entdeckung, dass das Objekt und damit die ganze vertraute Welt nicht natürlich gegeben ist, sondern durch eine mir letztlich ebenfalls unverständlich bleibende Synthesis in mir erzeugt wird, diesen Schock hatte Kleist schon hinter sich und offenbar gut verkraftet; nein, es ging um gravierendere, tiefere Verletzungen durch unbeantwortete, unbeantwortbare letzte Fragen: Wenn Sinngebung, wenn Gott, wenn die mir durch meine Vorsätze mir vorgesetzten Wertvorstellungen nichts sind als aus bestimmten quasi mechanistischen Gründen selbsterzeugte Illusionen, dann ist mein Leben überhaupt sinnlos, auch jedes Ausforschen im wissenschaftlichen Sinne ist sinnlos („Seitdem ekelt mir vor den Büchern, ich lege die Hände in den Schoß"), es kommt zur Ablehnung von Wissenschaft; und man hat den Eindruck eines Scheiterns, eines Endes jeder seelisch-geistigen Bemühung (allerdings heißt es ja in dem Brief an die Schwester Ulrike dann weiter: „ . . . und suche ein neues Ziel, dem mein Geist, frohbeschäftigt, von neuem entgegenschreiten könnte": dieses Ziel ist offenbar die Dichtung; wir werden weiter unten darauf zurückkommen).

An Textbelegen aus dem 2. Teil von Kants „Kritik der Urteilskraft" seien hier nur einige ausgewählt: es ist die Rede vom „Maschinenwesen der Natur", und es wird gefragt: „Was beweiset nun aber am Ende auch die allervollständigste Teleologie? Beweiset sie etwa, daß ein solches verständiges

Wesen da sei? Nein; *nichts* weiter, als daß wir nach Beschaffenheit unserer Erkenntnisvermögen, also in Verbindung der Erfahrung mit den obersten Prinzipien der Vernunft, uns schlechterdings keinen Begriff von der Möglichkeit einer solchen Welt machen können, als so, daß wir uns eine absichtlich-wirkende oberste Ursache derselben denken. Objektiv können wir also nicht den Satz dartun: Es ist ein verständiges Urwesen." . . . „Wir können uns die Zweckmäßigkeit, die selbst unserer Erkenntnis der inneren Möglichkeiten vieler Naturdinge zum Grunde gelegt werden muß, gar nicht anders denken und begreiflich machen, als indem wir sie und überhaupt die Welt uns als ein Produkt einer verständigen Ursache (eines Gottes) vorstellen".

4.4 Die Beziehung der Kant-Krise Kleists zum „Zerbrochnen Krug"

Wie ist nun, von der Situation dieser Krise aus der Bezug zum „Zerbrochnen Krug" zu denken? Kleist versucht offenbar, sein philosophisches Problem dichterisch zu lösen, und er ist damit völlig auf der Höhe seiner Zeit, dieser sogar wohl etwas voraus, indem er ein ähnliches Philosophie/Kunst-Projekt verfolgt wie beispielsweise der Philosoph Friedrich Heinrich Jacobi in seinen philosophischen Romanen (Allwill, Woldemar) und damit etwas ähnliches macht, was Schelling in seiner „Philosophie der Mythologie" skizziert, nämlich den Versuch einer Einheit von

Philosophie und Kunst in Gang zu bringen. (Man denke auch an das Buch von R. Lauth: „Die Philosophie Dostojewskijs".) Ernst Cassirer schreibt dazu: „Wichtiger jedoch als die Frage, aus welcher *Quelle* Kleist seine Kenntnis vom Lehrbegriff des transzendentalen Idealismus geschöpft hat, ist die andere Frage, welche innere Wendung sich, unter dem Einfluß dieses Lehrbegriffs, nunmehr in Kleist vollzieht und welche Bedeutung die intellektuelle Krise, die er hier durchlebt hat, für das Ganze seiner K ü n s t l e r s c h a f t gewinnt. Und hier läßt sich - so paradox es zunächst erscheinen mag - in der Tat behaupten, daß Kleist in dieser Krise nicht nur zu einer neuen theoretischen Weltansicht gelangt ist, sondern daß er erst in ihr und durch sie seine künstlerische Grundrichtung wahrhaft begriffen hat. Das ist das Eigentümliche in Kleists Entwicklung, was in dieser Form vielleicht in der Lebensgeschichte keines anderen großen Dichters wiederkehrt, daß es ein gedankliches Erlebnis ist, das gleichzeitig die produktiven dichterischen Kräfte in ihm gelöst und befreit und das ihm selbst erst zum vollen Bewußtsein dieser Kräfte verholfen hat."

Es gibt nun in der „Kritik der Urteilskraft" eine Textstelle, die meines Erachtens einen ernstzunehmenden Hinweis darauf gibt, dass Kleist sich im „Krug" auf die Kritik der teleologischen Urteilskraft bezieht. Kant schreibt hier in der Methodenlehre der teleologischen Urteilskraft in einer Anmerkung: „Setzet einen

Menschen[2] ... er habe sich etwas unbedachtsamer Weise wider seine Pflicht vergangen, ... : so werden die strengen Selbstverweise dennoch eine Sprache in ihm führen, als ob sie die Stimme eines Richters wären, dem er darüber Rechenschaft abzulegen hatte". Die Parallelstelle hierzu im „Krug" lautet: „Adam: Mit träumt´ es hätt ein Kläger mich ergriffen, und schleppte vor den Richterstuhl dort und schellt´ und hunzt´ und schlingelt mich herunter, und judiziert den Hals ins Eisen mir. Licht: Wie, Ihr, Euch selbst?" Es geht also um ein Gericht, vor das der philosophisch Reflektierende sich selbst stellt, um einen inneren Kosmos, der im „Zerbrochnen Krug" entwickelt wird. Hierzu eine Nebenbemerkung: Dieter Henrich hat wiederholt darauf hingewiesen, dass die Kantische Philosophie an wesentlichen Stellen (vgl. Transzendentale Deduktion der reinen Verstandesbegriffe) häufig eine „juridische Sprache" verwendet, eine Sprache, in der es um „Legitimation", Güterabwägung und Gerechtigkeit geht. Bereits in der Themenwahl des „Zerbrochnen Krugs" kann man also in gewissem Sinne einen Kantbezug erblicken. Sicherlich aber insbesondere darin, dass das Gericht nach innen verlegt wird und dass es ein innerer

---

[2] Im „Krug" Zeile 596: „Setzt einen Krug, /Und schreibt dabei: 'dem Amte wohlbekannt'"; Zeile 608: „Setzt einen Krug, Herr Schreiber, wie gesagt".

Kosmos ist, um dessen Beschreibung und um dessen Ausagieren es bei diesem Theaterstück geht. 3

Ein weiteres, sprachliches Argument dafür, dass auf die „Kritik der URTEILskraft" Bezug genommen wird, sind auch die Philosophie-bezogenen Stellen im 9. Bild, wo mehrfach von URTEIL die Rede ist, insbesondere: „Habt Ihr ein URTEIL schon gefaßt? . . . Ihr greift, ich seh, mit Eurem URTEIL ein, Wie eine Hand in einen Sack voll Erbsen". 4

Wenn man von der Tatsache ausgeht, dass Adam zu Beginn des Stücks berichtet, in welcher Weise er sein Schicksal vorausgeträumt hat und das ganze Stück als eine Art Wachtraum

---

3 (vgl. I. Kant, Metaphysik der Sitten II, § 13: „Das Bewußtsein eines inneren Gerichtshofes im Menschen (vor welchem sich seine Gedanken einander verklagen oder entschuldigen) ist das Gewissen. jeder Mensch hat Gewissen, und findet sich durch einen inneren Richter beobachtet, bedroht und überhaupt im Respekt (mit Furcht verbundener Achtung) gehalten, und diese über die Gesetze in ihm wachende Gewalt ist nicht etwas, was er sich selbst (willkürlich) macht, sondern es ist seinem Wesen einverleibt. . . . Die zwiefache Persönlichkeit, in welcher der Mensch, der sich im Gewissen anklagt und richtet, sich selbst denken muß: dieses doppelte Selbst, einerseits vor den Schranken eines Gerichtshofes, der doch ihm selbst anvertraut ist, zitternd stehen zu müssen, andererseits aber das Richteramt aus angeborener Autorität selbst in Händen zu haben, bedarf einer Erläuterung, damit nicht die Vernunft mit sich selbst gar in Widerspruch gerate.")

4 (Im XII. Bild fordert Walter Adam auf, die „Sentenz" zu fällen; vgl. Kant, Metaphysik der SittenII, §13: „ . . . worauf dann der Schluß der Vernunft (die Sentenz) . . . folgt.")

interpretiert, erscheint es legitim, die von C.G. Jung vorgeschlagene Interpretationsmethode der Deutung auf der „Subjektstufe" anzuwenden. Diese beinhaltet, dass alle im Traum/Wachtraum auftretenden Figuren in gewissem Sinne (zumindest auch) Anteile des Subjekts des Träumenden repräsentieren. Eine wichtige subjektstufige Figur des Stückes scheint mir in diesem Sinne Eve zu sein: in der Weise, in der Kleist von seiner Verlobten Wilhelmine Unmögliches verlangt (man lese einmal die Gesamtheit dieser Briefe) wenn er mit seiner Geheimniskrämerei und seinen Zickzackkursen ihr absolutes Vertrauen, absolute Liebe abverlangt („Denke nicht darüber nach, und halte Dich, wenn die Unmöglichkeit, mich zu begreifen, Dich beunruhigt, mit blinder Zuversicht an Deinem Vertrauen zu meiner Redlichkeit, das Dich nicht täuschen wird, *so wahr Gott über mich lebt*. Einst wirst Du alles erfahren, und mir mit Tränen danken"; Dresden, den 3. Sept. 1800), in genau derselben Weise verlangt Eve von Rupprecht eine Art „überempirisches Vertrauen", einen Glauben jenseits aller Evidenz an ihre Liebe und Unschuld. Und damit sind wir an einem zentralen Punkt nicht nur der Darstellung, sondern auch *Bewältigung* der Teleologiekrise, wie wir sie nun einmal nennen wollen, Kleists, dass er nämlich meint, jenseits aller Skeptizismen und transzendentalphilosophisch berechtigten Zweifel an der Existenz des Absoluten, gibt es eine Art überempirischer Gewissheit in uns eines höchsten Sinnes, eines höchsten Ziels.

Hierzu ist zu bemerken, dass Kleist seine Kant-Krise in gewissem Sinne „mit Kant" löst, und zwar insofern, als Kant selber sowohl in der Postulatenmetaphysik der Kritik der praktischen Vernunft als auch im 2. Teil der „Kritik der Urteilskraft" Gottesbeweise anführt, die auf eine „Gewissheit" hinauslaufen, die der Kleistschen Überzeugung sehr verwandt ist. 5

(Vgl. auch W. Emrich: „Heinrich von Kleist: Selbstbewußtsein als Pflicht" (in Geist und Widergeist, Athenäum Verlag, Frankfurt-Bonn, 1965, S. 129): „In Kleists Kunst ist die Autonomie des Menschen zum vollen Durchbruch gelangt, in jenem absoluten, alles in ihr durch sie aufhebenden Sinne, der sie von der klassischen Kunst Goethes und der Kunst seiner romantischen Zeitgenossen trennt und sie der modernen Dichtung zuordnet, die sich in ihren extremen Vertretern mit Recht eine „absolute Kunst" nennt, weil in ihr die dargestellten Gegenstände ihre objektive Eigengesetzlichkeit verloren haben, zu aufgehobenen Momenten des autonomen künstlerischen Bewußtseins geworden sind . . . Er hat damit jenes Selbstbewußtsein gefunden, von dem Hegel meinte, es hebe alle Kunst auf und verwandle sie in Philosophie . . .".)

Eine weitere Kant-Implikation mag man in der Äußerung des „gestrauchelten Adam" gleich zu Beginn des Stückes erblicken,

---

5 Diesen Gedanken verdanke ich Robert Spaemann

wo es heißt: „Denn jeder trägt den leidgen Stein zum Anstoß in sich selbst", was als Parodie auf die kopernikanische Wende verstanden werden kann (ähnliche weitere „Funde" dieser Art könnte man bei weiterer gründlicher Durchsicht des Textes sicherlich noch machen). Nun aber wesentlicher: Folgt man der hier vorgeschlagenen Konzeption, wonach sich im „Zerbrochnen Krug" eine dichterische Bewältigung der Teleologiekrise Kleists nachweisen lässt, wofür steht dann eigentlich der „Krug"? Wir verstehen ihn nun als Metapher für die Zerstörung der Sinngebung als einer historisch gewordenen relativen Absolutheit, und diese kann nach Kleist nur gerettet werden durch eine Art überempirisches „Wissen", eine überempirische Gewissheit, ein überempirisches Vertrauen (vgl. hierzu R. Spaemann: „Vertrauen in der Philosophie"). Die Lösung des Problems liegt in gewissem Sinne darin, dass Kleist, vor unseren Augen, ohne dass wir es so richtig merken, den „Krug" wieder zusammenfügt, indem er Eves Unschuld wieder herstellt und die Forderung nach überempirischem Vertrauen rechtfertigt. Darin liegt m.E. die eigentliche Pointe der Geschichte und das ist der Grund, warum der „Krug" keine Tragödie ist sondern eine Komödie. Aber, wie eben jede wirklich bedeutende Komödie, ist sie ständig am Umkippen im Hinblick auf einen tragischen Hintergrund, und das besteht in der Darstellung der eigentlich ausweglosen Situation, in der wir vor unserem Selbstgericht stehen und in der wir in der hahnebüchenen Diskrepanz zwischen Anspruch und Wirklichkeit[6] unserer Selbstinterpretation in einer Weise entlarvt werden, dass zum Schluss des Stückes zurecht gefragt werden muss: „Soll hier dem Kruge nicht sein Recht geschehen?"

---

6 Diskrepanz zwischen Anspruch und Wirklichkeit ist im „Krug" übrigens generell die Hauptquelle der Komik.

5.0 Das Syndrom des „dem Bett-Entsteigens": veränderte Welt

> „…da ich dem Bett entsteig. Ich hatte noch das Morgenlied im Mund, da stolpr´ ich in dem Morgen schon, und eh´ ich noch den Lauf des Tags beginne, ‚renkt unser Herrgott mir den Fuß schon aus."

Zu Beginn des „Zerbrochnen Krugs" sagt Dorfrichter Adam zum Gerichtsrat Walter: „ – Hab´ einen wahren Mordschlag heut früh, als ich dem Bett entsteig, getan …", worauf dieser besorgt fragt: „Es wird doch weiter nicht von Folgen sein?" – Es wird: Es gibt in der Literatur der Neuzeit so etwas wie ein „Syndrom des Erwachens" in einer veränderten Welt. In Dostojewskis Doppelgänger-Roman ist es Goljädkin, der, als er aufwacht, feststellen muss, dass plötzlich alles irgendwie anders ist ("Am anderen Tage erwachte Goljädkin wie gewöhnlich um acht Uhr. … 'Was hat denn das zu bedeuten?' hätte Herr Goljädkin beinahe laut aufgeschrien. 'Was soll denn das heißen?'"). Er erlebt, wie ein zweites Selbst auf ihn zukommt: "Die Haare standen ihm zu Berge und er setzte sich, starr vor Schreck. Dazu hatte er freilich Ursache. Herr Goljädkin erkannte sofort seinen nächtlichen Freund. - Sein nächtlicher Freund aber war niemand anders als er selbst - ja: Herr Goljädkin selbst, … in jeder Beziehung war er sein eigener Doppelgänger!". In Kafkas Roman „Der Prozeß" ist es der Held K., der frühmorgens in seinem Bett verhaftet wird

(„'Das wäre neu', sagte K., sprang aus dem Bett und zog rasch seine Hosen an."). Auch Richter Adam ist ein solcher Erwachender, auf den ein Prozess zukommt und in dem sich das Doppelgängermotiv manifestiert:

„Mir träumt´ es hätt ein Kläger mich ergriffen,
Und schleppte vor den Richtstuhl mich; und ich,
ich säße gleichwohl auf dem Richtstuhl dort,
und schält´ und hunzt´ und schlingelte mich herunter,
und judiziert den Hals ins Eisen mir.
Licht: Wie, Ihr, Euch selbst?
Adam: So wahr ich ehrlich bin.
Darauf wurden beide wir zu ein, und flohen,
und mußten in den Fichten übernachten."

In merkwürdiger Weise sind Angeklagter, Ankläger und Gericht ein und dieselbe Person (des Träumenden), und wenn man davon ausgeht, dass es in dem Stück in existentieller Weise um seelische Wahrheiten geht, wobei der Versuch gemacht wird, einen inneren Kosmos, eine Repräsentation menschlicher Ontologie vorzuführen, dann wird verständlich, dass es gerade – wie bei Dostojewskij und Kafka – das Erwachen ist, der „unbewachte Augenblick" (Kafka), in dem sich innerer Kosmos und Außenwirklichkeit so miteinander vermitteln, dass von „Prozess", Rechtsprechung, Legitimation und Ringen um Gerechtigkeit geredet werden muss.

6.0 Zur Symbolik des Kruges: der „Zerbrochne Krug" als Geheimbotschaft

In ihrem zurecht vielbeachteten Artikel „Der zerbrochene Krug: Titelheld von Kleists Komödie" hat Ilse Graham drauf hingewiesen, dass die germanistische Forschung bisher am „Zerbrochnen Krug" im wesentlichen gescheitert ist, und dass „ein Werk, dessen Titelheld und Hauptfigur so leichthin abgetan worden sind, sich weitert, das Geheimnis seines Lebens preiszugeben". Es sei deshalb notwendig, „ihren schweigsamen Helden, den zerbrochnen Krug" zu befragen, und bei dieser Befragung ist Ilse Graham zu wesentlichen Ergebnissen gelangt: Beispiele: „Viermal beherrscht der zerbrochene Krug die Szene sozusagen durch einen Bevollmächtigten: in dem einleitenden Streit über den rechtlichen Aspekt seines Bruchs, in Frau Marthes Beschreibung seiner Schönheit, in ihrer Darstellung seiner Geschichte und schließlich, und wie es dem Titelhelden gebührt, in den Schlussworten des Stückes. … Der zerbrochene Krug spiegelt also nicht nur die Unfähigkeit der Gestalten, eine verworrene Welt zu begreifen. Letzten Endes meint er jene Welt selbst, in der Wirklichkeit und Schein in hoffnungslosem Wirrwarr fragmentarisch durcheinanderliegen, in welcher ein vom Bewusstsein ungeschulter Instinkt unvermeidlich zu Fall kommt. Der zerbrochene Krug aus Ton bedeutet 'die Welt noch, die gebrechliche, auf die nur fern die Götter niederschaun', wie

Kleist in 'Penthesilea' sagt. ... In Kleists Komödie sind die Pforten des Paradieses verschlossen. Der Sündenfall hat stattgefunden. Wie sein berühmter Vorfahr erliegt Adam der Versuchung und fällt, und in seinen Fußstapfen fallen Eve, Ruprecht und der Krug – fällt eine ganze Welt. Aber anders als die Liebenden ringen sich die kosmischen Hauptgestalten, Adam und Frau Marthe, nicht aus der Dämmerung des Anbeginns zum vollen Tageslicht des menschlichen Bewusstseins durch."
So überzeugend, wesentlich und weiterführend diese Thesen auch sind, in zweierlei Hinsicht erscheinen sie doch noch ergänzungsbedürftig: der eine Aspekt ist der im strikten Sinne philosophische: bei diesem bleibt man noch unbefriedigt, wenn man, wie im Vorstehenden dargelegt, von der Hypothese ausgeht, der „Krug" enthalte gewissermaßen ein Kantkrisenbewältigungsprogramm. Der andere Aspekt ist der des Geheimnisvollen, Rätselvollen, der der „Geheimniskrämerei". Könnte es nicht sein, dass Kleist, als er sich auf die berühmte Verabredung einließ, zusammen mit seinen Freunden Heinrich Zschokke und Ludwig Wieland über den Kupferstich von Jean Jaques Le Veau „Le Juge ou la Cruche cassée" je ein literarisches Werk zu schreiben, nicht nur diese „Preisaufgabe" löste, sondern vielmehr seinen geschätzten Zeitgenossen und der Nachwelt ein Preisrätsel zur Aufgabe stellte, das möglicherweise bis heute noch nicht gelöst wurde, nämlich: was bedeutet der Krug? Immerhin sagt Kleist am Ende

seines Lebens über den „Zerbrochnen Krug": „Es kann auch, aber nur für einen sehr kritischen Freund, für eine Tinte meines Wesens gelten", und Ilse Graham konstatiert in diesem Zusammenhang, Kleist habe „das Geheimnis des Stückes mit in sein stilles Grab genommen".

Es wird nun hier und im Folgenden der Vorschlag gemacht, dass mit dem Krug, um dessen Zerbruch, wie Eve sagt, „solch ein Aufruhr, so viel Unheil gestiftet wird", schlicht die Einheit der Person, die Einheit des Bewusstseins symbolisiert wird. Zu dieser Deutung passt bereits der an zentraler Stelle – in der Exposition, die wie eine Ouvertüre bereits das ganze Stück vorwegnimmt – von Adam vorgetragene Traum, in dem die Einheit des Bewusstseins, die Einheit der Ich-Person, dadurch aufgehoben wird, dass eine innere Instanzenwelt vorgeführt wird, in der Adam in sich zugleich Ankläger, Gericht und Angeklagten erlebt. Beim oder nach dem Durchmachen seiner Kant (-Teleologie-) –Krise wurde Kleist offenbar klar, dass Teleologie-Zerfall und Verlust von Einheit der Person, Einheit des Bewusstseins, miteinander zusammenhängen, und dass gewissermaßen der zweite Sündenfall, die Aufklärung des Bewusstseins über sich selbst, modern gesprochen mit Verlust von Identität und personaler Einheit einhergeht. Hätte Ilse Graham ihren Aufsatz etwas anders überschrieben und nicht vom Titelheld sondern von der „Haupt p e r s o n" gesprochen,

so wäre ihr dieser Zentralgedanke wahrscheinlich nicht entgangen.
Der „Krug" kann in diesem Sinne als Beschreibung eines „inneren Kosmos" dargestellt werden, in dem die Ich-Person (Adam) in gewisser Weise so wie in Träumen und Wachträumen gleichzeitig mit allen geträumten Figuren identisch ist. Ein derartiges Schema ist in der Abb. 3 dargestellt, in dem Vater und Mutter als Marthe und Veit Tümpel repräsentiert werden, Eve und Ruprecht als Anima und Animus und in dem Gerichtsrat Walter das gesellschaftliche Bewusstsein, Licht das aufklärerische Bewusstsein darstellen.

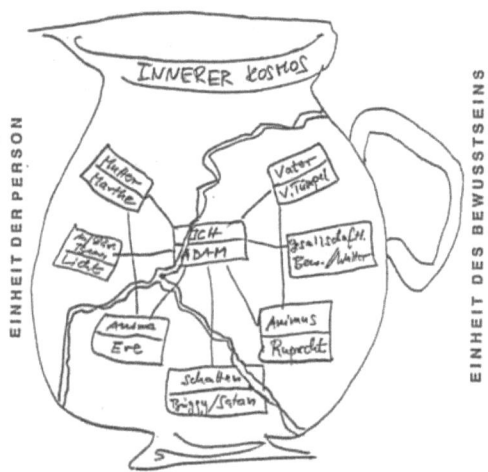

Abb. 3: Ich (Adam); Mutter (Marthe); Vater (V. Tümpel); Aufklärerisches Bewusstsein (Licht); Gesellschaftliches Bewusstsein (Walter); Anima (Eve); Animus (Ruprecht); Schatten (Briggy) (Satan)

Mit dem Krug-Zerbruch, dem Auftreten des „modernen Bewusstseins", das sich für Kleist offenbar am eklatantesten in der Teleologie-Krise (s.o.) manifestiert, ist die Einheit der Person zerschlagen worden, und nun stimmt nichts mehr: Raum und Zeit geraten aus den Fugen, die Bühne ist voll von „Verstörungen" (A. Breth), in denen ein geordneter Dialog nicht mehr möglich ist, da jede Figur sich aus einem anderen Bewusstseinszustand heraus artikuliert. Kleist hat offensichtlich gesehen, dass der Zerfall der Teleologie-absichernden Strukturen einhergeht mit einem Zerfall der Einheit der Person, wie dies später auch E.T.A. Hoffmann in seinem Roman „Die Elixiere des Teufels" zeigte. Insofern ist der Krug al ein zerbrechender (und wie ich behaupte unter der Hand wieder zusammengefügter) zu Recht die Haupt-*Person* des Stückes. Einheit wird dadurch wiederhergestellt, dass das Ganze eine Tagtraumerzählung ist, in der alle Personen „auf der Subjektstufe" die Komplexität der Ich-Person darstellen. Eine Besonderheit hierbei ist die ständige Integration auch des Kreatürlichen, des Sexuellen bis hin zu Zoten (wobei diese jeweils aber versteckt – nur als Nebensinn, als Nebenbedeutungen aufscheinen).

Von dieser Warte aus, von dieser vom Traum als Schlüssel ausgehenden Sichtweise, kann man m.E. den „Zerbrochnen Krug" völlig neu lesen und die verschiedenen Schichten des Werkes neu beleuchten. Es würde sich dann, kurz vorwegskizziert, eine soziologisch/politische Ebene, eine philosophische und eine psychologisch/tiefenpsychologische Ebene unterscheiden lassen (s. auch Kap. 7.0).

Die philosophische Ebene wurde in Kapitel 4 bereits angedeutet, wobei ergänzend noch auf die Aufsätze von Günter Blöcker (1962), Ulrich Gall (1977), Johannes Hoffmeister (1959) und Pieter-Fokko Smith (1949) hinzuweisen ist. Die tiefenpsychologische, die Ich-Identität betreffende Schicht wurde in einer Monographie von Joachim Pfeiffer: „Die zerbrochenen Bilder: Gestörte Ordnung im Werk Heinrich von Kleists" (1989) herausgearbeitet, wobei besonders erstaunlich und gleichzeitig für den derzeitigen Stand der germanistischen Forschung im Hinblick auf den „Zerbrochnen Krug" charakteristisch ist, dass gerade dieser in einer Monographie über „zerbrochene Bilder" unbeachtet bleibt. Dass die Störung der Ich-Identität mit Kleist ein zentrales Thema wird, wirft auch ein interessantes Licht auf die nachkleistische Literaturentwicklung im Hinblick auf das Doppelgängermotiv (E.T.A: Hoffmann, Dostojewskij, etc.). Die hierzu nachzutragende Literatur betritt im Wesentlichen die Arbeiten von Peter Detmering (1975), Hans-Peter Herrmann (1967), Hans Höller (1982), Wilhelmine Krauss (1930), Antony Stephens (1985). Der Zerbruch der Einheitlichkeit des Bewusstseins ist aber, dies ist besonders hervorzuheben, keineswegs nur ein intrapsychischer Prozess: vielmehr gerät hierdurch auch die gesamte gesellschaftliche Ordnung aus den

Fugen, wodurch die politische und gesellschaftskritische Ebene des „Zerbrochenen Krugs" angesprochen ist. Hierzu vgl. insbesondere die hervorragende Arbeit von Dirk Grathoff: „Der Fall des Krugs" (1982) sowie Wolfgang Witkowski (1961). Beispiele für die Veränderung der Perspektive, die sich ergibt, wenn man den Krug als Symbol der Einheit des Bewusstseins interpretiert, seien hier kurz angeführt: so ist beispielsweise Ilse Graham die „konkretistische Sprache" der Frau Marthe aufgefallen, der, wie sie sagt, Rückgang auf den Wortstamm. Für Ilse Graham ist dies ein Hinweis auf „Wortklauberei", mit der sie „eine eigentümliche geistige Beschränkung" verrate. Der entscheidende Punkt ist damit allerdings verfehlt. Diese „Beschränkung" ist hier m.E. nämlich ganz positiv in dem Sinne gemeint, dass es um die „naive", vor dem zweiten Sündenfall noch vorhandene Einheit von Begriff und Bedeutungsgehalt im „natürlichen Bewusstsein", im Zustand vor der „Entfremdung" (vgl. Hegels Phänomenologie des Geistes) geht. Immerhin ist Frau Marthe Eves Mutter und klagt zu Recht über den Krugzerbruch, den Verlust der Einheit der Person, und ist zu Recht mit „ersetzen", „entschädigen", den Inbegriffen gesellschaftlich üblicher Surrogate im Austausch gegen das Natürliche und Echte nicht einverstanden. (Die Revolution Marthes gegen Veit Tümpels Vorschläge bedeutet: das konkretistische Denken des natürlichen Bewusstseins wehrt sich gegen die gesellschaftlich präformierten Surrogat- und

Entfremdungsregeln, die einen letztlich nur mit irgendetwas abspeisen: „ersetzen", „entschädigen", „entscheiden").

Auch ein anderer zentraler Punkt erhält ein völlig neues Gesicht: die Frage nämlich der *Bewertung*, der Beurteilung der Frage der Schuld im Hinblick auf den Krugzerbruch: ist das Zerbrechen des Kruges nicht irgendwo sogar erwünscht? Als Inbegriff des zweiten Sündenfalles ist er schließlich notwendige Voraussetzung für die Teleologie-Krise und muss als unvermeidlicher Tatbestand im Stück akzeptiert werden. Somit erhält es einen tiefen Sinn, dass es Adam selbst ist, der den Krug zerbricht, und dass er es ist, der die Anklage/Angeklagten-Situation herbeiführt. Der Hauptgedanke könnte somit dahingehend zusammengefasst werden: die Teleologie-Krise, der zweite Sündenfall, die Entfremdung, der Identitäts- und Einheitsverlust ist unvermeidlich und notwendig, Tatbestand unseres geistigen Daseins, und Einheit der Person, Reintegration der Einheit des Bewusstseins kann nur dadurch wiederhergestellt werden, dass das ganze Krugzerbruchsdilemma als eine Tagtraumerzählung angeschaut wird, als Darstellung eines inneren Kosmos, in dem alle Personen „auf der Subjektstufe" (C.G. Jung) gedeutet werden, also Anteile der Ich-Personen sind, und dass in diesem Sinne auch alle „alles wissen": d.h., dass, indem sie etwas sagen, sie auch wieder das Gegenteil sagen. Damit wird dialektische Wahrheit realisiert, wodurch auch das künstliche Mittel, Sprache als Medium des Transports von Doppelbotschaften zu verwenden, seinen eigentlichen Stellenwert erhält (s. Kap. 8).

7.0 Das Vier-Stufen-Modell des „Zerbrochnen Krugs"

Man kann versuchen, sich die Vielschichtigkeit der Krug-Symbolik anhand eines Vier-Stufen-Modells zu erklären:

1. Konkretistische (mythologische) Stufe: von Marthe unbewusst, als Nebenbedeutung, als Nebensinn (z.T. obszön) angesprochen: Eves Unschuld (vgl. Kap. 8, Beispiel aus dem VI. Akt) (Abb. 4: Jean Baptiste Greuzes Ölgemälde „La Cruche cassée"). Marthe steht gewissermaßen für das konkret Konkrete. Dabei geht es um Weiblichkeit, den Schoß als weiblichen Urgrund des Lebens (Urmutter Eva); Krug-Zerbruch bedeutet hier den Verlust von Eves Unschuld.

Abb. 4: La Cruche cassée", Ölgemälde von Jean Baptiste Greuze

2. Individuelle (intrapsychische) Stufe: innerer Kosmos; hier ist, wie in Kap. 6 dargestellt, der Krug das ganze Stück im Sinne eines Tagtraums, in dem alle Figuren Anteile des Ich repräsentieren (Abb. 3); Adams Traum ist gewissermaßen eine Kurzform (ein Abstrakt) des Stücks: der wesentliche äußere Prozess ist Gegenstand dieses Traums. Für Marthe ist diese individuelle Stufe der Teil der Krug-Erzählung, in dem die „Individualgeschichte" des Krugs (vom Kesselflicker bis zu ihrem Mann, dem seligen Kastellan) erzählt wird.
3. Gesellschaftlich, historisch, überindividuelle Stufe: äußerer Kosmos. Hier ist – unter gesellschaftskritischer Perspektive – wiederum das ganze Stück eine Krugrepräsentation. Die Figuren stehen hier für gesellschaftliche Mächte (Abb. 5) im Sinne der soziologischen Analyse von Grathoff; es geht um bürgerliche und politische Freiheiten (Krug-Erzählung); um den Kampf der dörflichen Rechte gegen die Unterwerfung durch die städtische Bürokratie. Es geht um die „alten Rechte auf Lust (Adam) gegen die Unterdrückung durch modernistische (calvinistische) Askese. Adam steht gegen Walter; Licht steht als Opportunist dazwischen.

Abb. 5: W. (Walter, Rivale); Br. (Briggy, öffentliche Meinung, die Verleumdung); L. (Licht, beruflicher Rivale); A. (Adam, Ich); M., V.T. (Marthe, Veit Tümpel, mütterliche und väterliche Instanz); E. (Eve, jugendliche Geliebte); R. Ruprecht, (Liebes-Rivale).

4. Metaphysisch (philosophische)-existentielle Stufe: metaphysischer Kosmos: Auf dieser Stufe bedeutet der Krug die Beziehung des Subjekts zum Absoluten, zum göttlichen Sein (Eve: „Des Himmels wunderbare Fügung") (Abb. 6). Auf dieser Ebene spielt die Vertrauensthematik und die Kant-philosophisch-existentielle Krise im Hinblick auf die Sinn-(Teleologie-) Frage die zentrale Rolle. Krug-Zerbruch bedeutet hier das Getrenntsein des Menschen vom Absoluten, von der „intelligiblen Sphäre" Kants.

5. Man kann die drei hier dargestellten über die konkretistische Ebene hinausgehenden Stufen im Text übrigens von Adam direkt benannt finden; beim Weintrinken spricht er von der Pythagoräer-Regel: „eins ist der Herr. Zwei ist das finstre Chaos. Drei ist die Welt. Drei Gläser lob ich mir" (V 1532/3).

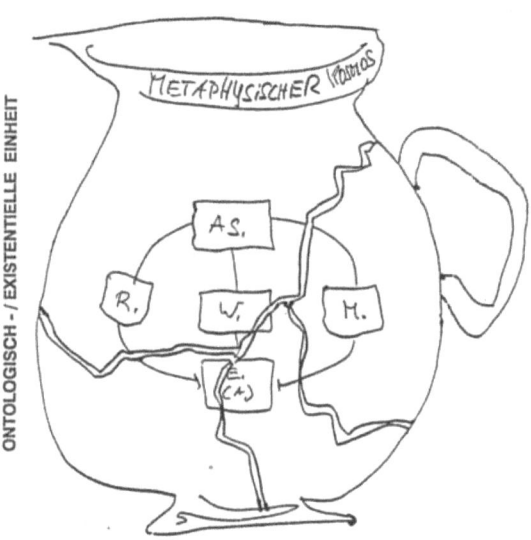

Abb. 6: AS. (Absolutes (göttliches) Sein); W. (Walter, Vermittlung von Vertrauen); E. (Eve, Ich); A. (Adam, Ich); R. Ruprecht, (Scheitern von Vertrauen in der empirischen Liebe); M. (Marthe, Einfordern von personaler Einheit).

8.0 Auffälligkeiten beim Hören und Lesen: „Doppelbedeutungsrauschen"

Oder:

Zum Phänomen der unbewussten Sprache bei Kleist: Wortspiele, Doppelbedeutungen und Doppelbotschaften im „Zerbrochnen Krug" – und: Die innere Widersprüchlichkeit der Wahrheit

Wie oben gesagt: das erste Theaterstück, das Kleist nach seiner philosophischen Krise im Jahre 1801, der sog. „Kant-Krise" schrieb, war der „Zerbrochne Krug". Es ist also denkbar, dass sich in diesem Werk strukturelle sowie inhaltliche Merkmale dafür finden lassen, in welcher Weise Kleist versuchte, diese Krise künstlerisch zu bewältigen. Im „Krug" fallen immer wieder Stellen auf, die mit Wortspielen und seltsam gedrechselten Sätzen geradezu gespickt sind[7], und es taucht die Frage auf, inwieweit diese Merkmale gewissermaßen eine „verschlüsselte" Botschaft darstellen. Heinrich von Kleist neigte sehr zur „Geheimniskrämerei": man denke etwa an die geheimnisumwitterte Würzburger Reise, von der aus er in seinen Briefen Formulierungen gebrachte wie: „ – denn ich schicke diesen Brief nicht eher ab als bis ich Nachrichten von Dir

---

[7] Ilse Graham macht ähnliche Beobachtungen: „Sinn und Logik zeihen in eine Richtung, Form und Syntax in die entgegengesetzte ..." (S. 291)

empfangen habe und folglich beurteilen kann, ob Du diese Vertraulichkeit wert bist, oder nicht" (20.9.1800). Oder „Denke nicht darüber nach, und halte Dich, wenn die Unmöglichkeit, mich zu begreifen, Dich beunruhigt, mit blinder Zuversicht an Deinem Vertrauen zu meiner Redlichkeit, das Dich nicht täuschen wird, so wahr Gott über mich lebt. Einst wirst Du alles erfahren und mir mit Tränen danken" (3.9.1800). Es ist also durchaus möglich, dass die Wortspiele im „Krug" mehr sind als nur „komödiantische Mittel", dass sie vielmehr gewissermaßen ähnlich wie die Krug-Symbolik selbst (vgl. Kap. 6) – Geheimbotschaften sind, deren Entschlüsselung mit dem eigentlichen Kern der existentiellen Aussagen Kleists im „Krug" zu tun hat. Es wäre denkbar, dass Kleist, um seine philosophische (teleologische) „Kant"-Krise zu bewältigen, wie später Wittgenstein und Karl Valentin, die Sprache beklopfte, mit dem Ziel, dadurch auf tiefere Schichten mit mehr Wahrheitsgehalt als die gedanklichen Oberflächen und damit in die Doppeldeutigkeiten dieser Tiefen-Struktur-Wahrheiten vorzudringen. Ein Zweites kommt hinzu: In seinem Aufsatz: „Über die allmähliche Verfertigung der Gedanken beim Reden" hat Kleist gezeigt, dass eine Art von unbewusster Sprache in bestimmten emotionellen Situationen, wie dem Diskurs, aktivierbar sind, und dass hierin Wahrheiten auftauchen können, die sonst schwer zugänglich bleiben. Es ist also plausibel anzunehmen, dass Kleist die im Dialog auftretende Wortspiel-

und Doppelbedeutungstechnik in den Dialogen, in denen die Sprecher häufig von völlig verschiedenen Bewusstseinsebenen aus reden, verwandte, um diese unbewusste „allmähliche Gedankenverfertigung" als eine Art Wahrheitsserum zu demonstrieren. Allerdings steht ein solches hermeneutisch inspiriertes Entschlüsselungsprojekt unter der nicht geringen Gefahr von „Overstatements", zu überziehen: man gerät bei der Doppelbedeutungssuche in einen derartigen Sog, einen solchen Strudel, dass man mit quasi überscharfen Augen jedes Wort, jede Silbe, jedes Komma, jede mögliche Wortkombination durchmustert und gelegentlich sicher etwas in den Text hineingeheimnist, „Gespenster sieht". Ein Teil der im Folgenden dargestellten „Decodierungen" sind in diesem Sinne sicherlich Folge des „Doppelbedeutungs-Rausches" – und nur mit dieser ausdrücklichen Vorwarnung seien die nachfolgenden Beispiele präsentiert:

Die Sprachauffälligkeiten gehen schon los mit dem Titel: „Der Zerbrochne Krug: ein Lustspiel". Bereits hierin ist ein Wortspiel und eine Doppelbotschaft enthalten, worauf Andrea Breth hinwies: der Zerbruch des Kruges hat nämlich dazu geführt, dass das „e" weggefallen ist. (In der Vorrede spricht Kleist vom „zerbrochenen Krug", was belegt, daß seine Umgangssprache der heute üblichen entsprach). Der „e"-Verlust ist also eine absichtliche Sprachauffälligkeit.[8] Auch der Untertitel „ein Lustspiel" kann als in besonderer Weise bedeutungsvoll aufgefasst werden. Es ist nicht nur eine Komödie, die gespielt werden soll - oder vielleicht ist es eben gerade keine Komödie? - sondern ein Lust-Spiel, ein Spiel, in dem „Lust" ein zentrales Thema darstellt, ein Spiel, in dem die Lust nicht ausgespart und/oder verdrängt, sondern in den Mittelpunkt gestellt wird. Und so geht es weiter: Bereits der allererste Vers des Stückes ist ein Doppelbedeutungs-Satz, denn „Ei, was zum Henker, sagt, Gevatter Adam! / Was ist mit Euch geschehen?" kann auch so verstanden werden: „sagt was zum Henker, Gevatter Adam", und dies wird sich später tatsächlich als richtige Voraussage erweisen, denn Licht ist ja derjenige, der Adam überführt; und so nimmt der erste Nebenbedeutungs-Untertext ein Ergebnis des Stückes bereits vorweg. Im gesamten Text des „Zerbrochnen Krugs" finden sich ca. 150 derartige Doppelbedeutungsstellen, teilweise mit Dreifachbedeutungen, teilweise aber auch solche, bei denen die Nebenbedeutung nur sehr vage, quasi rudimentär als Nebengedanke rekonstruierbar ist. Dabei sind ca. 75% typische Wortdoppelbedeutungen, ca. 15% der Doppelbedeutungen kommen dadurch zustande, dass sich ein Wort oder ein Satzteil auf zwei verschiedene Personen oder

---

[8] In den Versen 478, 574, 660 wird übrigens das „e" wieder „restauriert": „Der mir bis an die Krüge schwillet"; „Klägere trete vor"; „So ist's, als weinete sie über sich".

Gegenstände beziehen lassen und ca. 10% der Doppelbedeutungen entstehen dadurch, dass - wie in dem Beispiel aus Vers 1 - das Satzgefüge in unterschiedlicher Weise aufgefasst werden kann. (Nebenbei bemerkt, finden sich auch eine Fülle von Wortspielen im „Zerbrochnen Krug": mir sind ca. 25 derartige Beispiele aufgefallen.)

Weitere Doppelbedeutungsbeispiele:

Vers 24: „Der ohnhin schwer den Weg der Sünde wandelt". Die Nebenbedeutungen liegen hier in ohnhin: ohne hin = ohne hinzukommen, ohne Erfolg; schwerlich = erfolglos; wandelt = umwandelt = von der Sünde befreit.

Vers 141: „Wir zwei Gevattersleute! Geht mir fort." Nebenbedeutung: Licht will Adam loswerden, um selber Richter zu werden.

Vers 183: „Der Schmied ist faul". Nebenbedeutung: Mit der Geschichte vom Schmied ist etwas faul.

Vers 186: „Und der Schreck purgiert mich von Natur". Nebenbedeutung: entäußert mich meiner Natur.

Vers 188: „Der Herr Gerichtsrat wäre sehr angenehm".
Nebenbedeutung: er ist es aber nicht.

Vers 193: Mägde: „Was wollt Ihr?" Adam: „Fort! Sag ich."
Nebenbedeutung: ich will hier weg.

Vers 205: „Ei du mein Himmel! Umgeworfen, sagt Ihr?"
Nebenbedeutung: Ach, wie wunderbar!.

Vers 209: „Die Hand verstaucht! Ei, Herrgott! Kam der Schmied schon?" Nebenbedeutung: man sollte den Herrn Gerichtsrat mit dem Hammer kurieren; darauf bezieht sich auch Lichts Äußerung in Vers 213: „Den Schmied meint ich". Hier ist „meint" betont, weil Licht zum Ausdruck bringen will, daß er gegenüber dem Gerichtsrat auf Adams Seite steht, weswegen dieser auch erwidert: „Ihr gebt Euch bloß, Gevatter", d.h. Adam will sagen, Ihr stellt euch nur so, als wärt Ihr auf meiner Seite.

Vers 265: „Mir ahndet heut nichts Guts, Gevatter Licht."
Nebenbedeutung: bei mir wird etwas geahndet werden.

Vers 324: „Man wird sie sichten müssen". Nebenbedeutung: Man wird nicht nur die Vorschriften sondern auch Adam (Sie) sichten müssen.

Vers 341: „Und machte Übel ärger". Die Nebenbedeutung ergibt sich, wenn man Übel klein- und ärger groß schreibt.

Vers 468: „Du willst ja selber vor Gericht beschwören". Nebenbedeutung: du willst es vor das Gericht beschwören, d.h. das Bekanntwerden heraufbeschwören.

Vers 517: „Ich muß mich übergeben": Nebenbedeutung: Übergabe bei Niederlage.

Vers 555: „Gleich! Gleich! Gleich!" Hier sind die Nebenbedeutungen: Gleichwohl und „es ist alles egal".

Vers 571: „Ich wird Euch zu bedienen wissen". Nebenbedeutung: ich werde es so drehen, daß Ihr bedient seid.

Vers 643: „Das Reden ist an Euch". Nebenbedeutung: Ihr habt die Eigenschaft an euch, eine Rednerin zu sein und solltet jetzt möglichst lange sprechen.

Vers 817: „Hast dus mir gestern nicht, mir nicht gesagt?" Die Nebenbedeutung ergibt sich aus der doppelten Verneinung (d.h. eigentlich hat Eve auch tags zuvor schon geleugnet).

Vers 947: „Und hör Euch ein Gefispre hier, ein Scherzen". Nebenbedeutung: er hört Adam. Ebenso in Vers 971/72: „Euch ich seh . . . ". Hier sagt wiederum der Untertext, daß Ruprecht Adam bereits (unbewußt) als den Täter erkannt hat. Dasselbe in Vers 1012: „So schlag ich jetzt vom Fester Euch ins Zimmer". Wenn man vor „ins" eine kleine Pause macht, ergibt sich die Nebenbedeutung, daß Ruprecht Adam vom Fenster aus schlägt (was ja tatsächlich so war).

Vers 1085: „Wer also wars? Der Lebrecht oder Ruprecht?" Die Nebenbedeutung ergibt sich dann, wenn das Wort „oder" betont wird, dann ergibt sich nämlich die Frage Walters an Adam: „Wollen Sie den Fall im Ernst dialektisch darstellen, d.h. so, daß offenbleibt, wer von beiden der Täter ist?" Hierauf bezieht sich auch Vers 1089/90: „Auf meine Ehr, mir wärs vollkommen recht, wenn sie es alle beid gewesen wären". Nebenbedeutung: mir wäre es vollkommenes (dialektisch/philosophisches) Recht, wenn beide die Täter gewesen wäre (Persiflage der Philosophie).

Vers 1136: „Oh ja, besinnen". Hier ergibt sich die Nebenbedeutung: oh ja, sie ist ja jetzt so sinnlich geworden.

Vers 1205: „Ich bin ein Schelm, wenns nicht der Lebrecht war". Hier ist die Nebenbedeutung geradezu schon das

Selbstbekenntnis. Ein weiteres Selbstbekenntnis ist auch der Nebenbedeutungsuntertext von Vers 1304: „Mich noch auf einen schändlichen Verdacht", denn nicht nur der Inhalt, sondern auch die Tatsache des Verdachtes kann schändlich sein.

In Vers 1346: „Verflucht! Der Teufel ist mir gut" ergibt sich die Nebenbedeutung, wenn man „der" betont, wodurch dann Briggy als Teufel bezeichnet wird.

Vers 1401/2: „Abzuschließen? Gut! Erlaubt! Ich bin der Meinung, fortzufahren". Bei „Abschließen" ergibt sich die Nebenbedeutung: unter Verschluß halten, bei „Fortzufahren" die Nebenbedeutung des Abreisens.

Diese Beispiele ließen sich fast beliebig vermehren. Besonders eindrucksvoll ist allerdings die Passage im 6. Akt, in der mit etwa 15 Doppelbedeutungsstellen und vielen Wortspielen Marthe das Lamento vor ihrer Klage vorbereitet, wobei unter dem Text der „ehrbaren Rede" ständig anzügliche Nebenbedeutungen liegen wie „Schiedsurteil", „entscheiden" (Virginität wiederherstellen - Bezug zu Ruprechts Äußerung vom „Flicken des Loches"), entschädigen, was in Nebenbedeutungsuntertext endgültige Schädigung bedeutet. Ähnliche obszöne Anspielungen ergeben sich in den Texten der

Verse 255ff, 580ff („Jungfer bloß"), 654ff, die zu entschlüsseln dem Leser überlassen wird.

Eine Besonderheit sind noch Sprachspiele, die sich aus dem Versmaß ergeben. Dies sind die Verse 917, 921, 924 und 953, wo sich jeweils ein langes U, ein langes O, ein langes I und ein langes E ergeben - alle diese Auffälligkeiten offenbar als Reaktion auf Adams langes "U" bei Klugschwätzer.

Kehren wir zu der eingangs gestellten Frage zurück, worin die Bedeutung der Sprachauffälligkeiten, Wortspiele und Doppelbedeutungsuntertexte im „Krug" liegen könnten: Die eigentliche Pointe, das wesentliche Ergebnis dieser Recherche scheint mir zu sein, dass Kleist mit der Doppelbödigkeit der Sprache die Vieldimensionalität, die Mehrsträngigkeit des Bewusstseins und der darunterliegenden z.T. einander und dem Wachbewusstsein widersprechenden Schichten darstellen wollte. Bei sehr bewussten Naturen wie Adam und Licht, erfolgt dies halbbewusst oder sogar absichtlich, bei der naiven Ganzheitsnatur Marthe dagegen völlig unabsichtlich, was die Komik dieser Sentenzen erheblich steigert.

Kleists Art der Bewältigung seiner Teleologie-Krise spielt für die damals gängige Kunsttheorie der Einheit von Wahrem, Schönem und Gutem eine revolutionäre Rolle. In der Bewältigung der Teleologie- (Kant-) Krise wendet Kleist sich radikal von der Goethe/Schiller´schen Welt dieser Einheit ab und schlägt eine neue Seite der Kunstentwicklungsgeschichte auf, die bis heute ein ungelöstes Kapitel des Bündels von Fragen ist, die man bezeichnen könnte mit: ontologische Fragen der Selbstinterpretation, existentielle Fragen: was heißt es, dass ich mich so vorfinde wie ich mich vorfinde und wie ist meine Beziehung zum Absoluten? Dies bedeutet eine Verwandlung der Grenze nach innen, eine Sichtweise, in der innere Frakturlinien deutlich werden wie später bei E.T.A. Hoffmann, Dostojewskij und Kafka, wo innere Prozesse, Existentialien, innere Gerichtsvorgänge dargestellt werden. Dabei ist aber nicht nur die im „Krug" dargestellte innere Welt gebrochen, sondern auch alle anderen „Instanzen", Teilichlichkeiten, Strukturen sind „zerbrochene Krüge": Eves Keuschheit und ihre überempirisches Vertrauen einfordernde unbedingte Liebe zu Ruprecht gehen einher mit einer gegenläufigen unbewussten Liebe zu Adam. Licht ist gleichzeitig Aufklärer und Intrigant. Walter ist gleichzeitig Autorität und will Ordnung schaffen; andererseits ist er egoistisch, will nach Hause und empfindet die ganze Angelegenheit als Dreck, sinnlose Aufgabe, eine Art von Arbeitsbeschaffungsprogramm: nur Marthe scheint wie ein monolithischer Felsen als Symbol für die Unfrakturiertheit im Raume zu stehen, wobei ihr allerdings, ohne dass sie es weiß, die ungeheuerlichsten sexuellen Anspielungen bis hin zur Zote entschlüpfen, was die Komik ihrer Auftritte potenziert. Und in gewissem Sinn ist auch Adam selbst ein solcher barocker Felsen aus alter Zeit und insofern Marthes Pendant.

Oder und Und

Adams Philosophie ist die des Oder und Und. Denn was die einbrechende Moderne zu bieten hat, Entschädigen und Entscheiden, das ist nicht seine Welt: „Wenn ich ... Philosophie zu Hülfe nehmen soll, so wars – der Leberecht - ... oder Ruprecht ... oder Leberecht, der den Krug zerschlug", und auf Walters Frage: „Wer also wars" sagt er: „Mir wärs vollkommen recht, wenn sie es alle beid gewesen wären". So auch Adams Vorhaltungen gegenüber Ruprecht: „Warum sperrst du nicht die Augen auf" – „warum sperrtst du deine großen Augen auf". Geht man von Ilse Grahams Deutung der Widersprüchlichkeit Sehen/Sehen aus, dann wird Adams Anweisung klar, warum Ruprecht die Augen aufsperren muss *und* zugleich nicht aufsperren darf. Adams Philosophie ist die des Oder *als* Und – deswegen redet er in „Doppelbotschaften".

9.0 Exkurs: der „merkwürdig zer-streute" Adam: Zur „Einheit der Person als Grenzbegriff"

9.1 Das „innere Gericht"

> *Adam: „Mir träumt', es hätt ein Kläger mich ergriffen,*
> *Und schleppte vor den Richtstuhl mich; und ich,*
> *Ich säße gleichwohl auf dem Richtstuhl dort,*
> *Und schält' und hunzt' und schlingelte mich herunter,*
> *Und judiziert den Hals ins Eisen mir.*
> *Licht: Wie? Ihr, Euch selbst?*
> *Adam: So wahr ich ehrlich bin.*
> *Drauf wurden beide wir zu eins, und flohen,*
> *Und mußten in den Fichten übernachten."*

Ein Mensch, der sich selbst – und zwar bei sich selbst – verklagt, das kommt uns irgendwie bekannt vor: das „innere Gericht", von dem hier die Rede ist, ist in gewissem Sinne eine Alltagssituation, die wir ständig erleben. Aber wer sind die verschiedenen Parteien solcher inneren Prozesse? Es gibt ein Gericht, es gibt einen Ankläger und es gibt einen Angeklagten; aber Gericht, Angeklagter und Ankläger sind in merkwürdiger Weise ein und dieselbe Person bzw. verschiedene Aspekte ein und derselben Person (des Träumers).

Hierzu eine Anekdote: Ein Arzt wird nachts zwischen 2 und 3 Uhr unvermutet telefonisch durch den Anruf eines Patienten geweckt, in dem dieser mitteilt, sein Freund habe 100 Melleril geschluckt, was nun zu tun sei. Der Arzt antwortet im Halbschlaf, der Freund solle das Mittel ausschlafen, in der Meinung, dass 100 mg des niedrigpotenten Neuroleptikums keine gefährliche Dosis seien. Während der Arzt wieder einschläft, steigt in ihm der Gedanke auf, es sei eigentlich merkwürdig, dass der Patient ihn nachts wegen einer 100 mg Tablette aufweckte, und es formiert sich in ihm der weitergehende Gedanke, es könne sein, dass der Patient 100 Tabletten Melleril gemeint habe, was eine tödliche Dosis wäre. Dieser Gedanke führt zu einer "Weckreaktion". Der Arzt schreckt aus dem Schlaf auf, ruft den Patienten an und weist dessen Freund auf eine Intensivstation ein. Diese gefährliche Geschichte mit glücklichem Ausgang habe ich selber vor einigen Jahren erlebt; und ich habe mich danach gefragt, wie ich wohl vor mir selber dagestanden hätte, wenn dieser Zweifel nicht in mir aufgestiegen wäre und mich geweckt hätte. Im Hinblick auf das vorliegende Thema: „Einheit der Person" stellt sich darüber hinaus aber die Frage: „wer ist es denn nun eigentlich, der mein mir bewusstes Ich vor einem schweren ärztlichen Kunstfehler bewahrte? Das bewusste Ich wusste ja in der Situation der nächtlichen Weckung im Halbschlaf nichts von dieser Gefahr. Das Ich im damaligen Zustand des Halbschlafes wähnte sich „sicher" in der Fehlannahme, 100 Melleril bedeuteten 100 mg Melleril. Es waren unbewusste, wenn man so will außer- bzw. nebenbewusste mentale Kräfte, deren interne Verrechnungsleistungen, deren quasi „interner Dialog" zu der Aufweckreaktion und damit zu der bewussten Korrekturleistung führten.

An dem vorliegenden Beispiel kann man erkennen, dass „Einheit der Person als Grenzbegriff" zwei Aspekte des Personenbegriffs besonders herausstellt, einmal den ethischen Aspekt, und zum anderen den strukturellen Aspekt im Sinne der „cognitive science", oder, klassisch gesprochen, der analytischen Philosophie des Geistes. Diese Fragen werden uns im Folgenden beschäftigen.

9.2 Wahrnehmung als interner Dialog: Einheit und Multiplizität des Bewusstseins

„Zwar ist´s mit der Gedankenfabrik
Wie mit einem Weber-Meisterstück,
Wo ein Tritt tausend Fäden regt,
Die Schifflein herüber hinüber schießen,
Die Fäden ungesehen fließen,
Ein Schlag tausend Verbindungen schlägt.
Der Philosoph, der tritt herein

Und beweist Euch, es müßt so sein."
J.W.v. Goethe: Faust I

Goethe war ein sehr moderner Dichter, und die von ihm gemachten Voraussagen betreffen nicht nur Soziologie und Ethik, sondern auch derartige technische Phänomene wie die gentechnologische Homunculus-Vision und die künstliche Intelligenz. In Goethes „Gedankenfabrik" fließen die Fäden „ungesehen", und ein Schlag schlägt „tausend Verbindungen". In diesem Sinne hat die gegenwärtige kognitive Wissenschaft den Gedanken der „Einheitlichkeit des Bewusstseins" zu Gunsten von Interaktionsmodellen weitgehend verlassen: „Bewusstsein" hat nicht nur terminologisch die Klarheit einer Sonderstellung im Reiche des Mentalen eingebüßt - es werden Begriffe wie „phenomenal awareness", „consciousness decision making", „intention", etc. (cf. Allport 1988) hilfsweise und umschreibend eingesetzt - auch die Festgefügtheit, Unangreifbarkeit und innere Geschlossenheit, die sich in cogito-Gedanken wie „ich denke mich denkend" manifestiert, wird unterminiert, da Bewusstsein, ebenso wie Wahrnehmung, die als Resultat komplexer interaktiver interner Verrechnungsprozesse zu deuten ist (Emrich 1988) – als interaktive Leistung heterogener bewusstseinsgenerierender Mechanismen interpretiert wird (vgl. Libet 1985). Nimmt man eine derartige interne „Dialogstruktur" als Basis des bewusstseinsbildenden kognitiven Apparates an, so ist es plausibel, zu vermuten, dass die am vor- bzw. neben-bewussten Interaktionsprozess jeweils beteiligten Sub- bzw. Parallelstrukturen je nach den Gegebenheiten des Problemlösungsprozesses ihren Beitrag, ihr - metaphorisch gesprochen - „Votum", mit unterschiedlicher Gewichtung einbringen werden, da das Gesamtsystem in seiner bisherigen Lebensgeschichte erfahren hat, dass unter bestimmten Erfahrungsbedingungen bestimmte Strategien und damit verbundene Gewichtungen besonders erfolgreich waren.

Auch moderne psychoanalytische Autoren wie beispielsweise Gerald von Minden (1988) in „Der Bruchstück-Mensch", sprechen in diesem Sinne von „Zentral-Ich" und „anderen Subsystemen des Gesamt-Ichs", und wenn hier davon geredet wird, dass derartige Teil-Systeme durch interne Verrechnung entstandene und gewichtete „Voten" einzubringen in der Lage sind, so wird auch die oben erzählte Geschichte verständlich, in der ein Arzt während des Einschlafens plötzlich aus dem Bett aufschreckt. Bewusstseinsgenerierende Interaktionen können als eine Art von „parlamentarischer Abstimmung" aufgefasst werden, in der je nach Problemlage verschiedene „Spezialisten" aufgerufen werden, deren „Voten" in den Verrechnungsprozess eingehen, wobei das

Endergebnis der Abstimmung schließlich als bewusstseinsfähig in der Vorstellung erscheint. In analoger Weise spricht der Würzburger Neurobiologe Martin Heisenberg (1990) von einer „lottery of proposals" und zwar im Hinblick auf Handlungsentwürfe. In diesem Sinne kann von einem unconscious- bzw. pre- oder paraconscious-voting process als der Basis der dargestellten Goetheschen „Gedankenfabrik" gesprochen werden.

Neuropsychologische Untersuchungen der letzten Jahrzehnte haben dieses Konzept der Organisationsstruktur des Mentalen durch eine Fülle eindrucksvoller Belege untermauern können. Der einschlägige terminus technicus in dieser Hinsicht ist derjenige der „Modularität" des Mentalen, der von Fodor (1983) verwendete Begriff der „modularity of mind". Ein führender Vertreter der derzeitigen Kognitionsforschung, Michael Gazzaniga (1989), schreibt dazu in seinem Buch „Das erkennende Gehirn": „Ein wichtiges Postulat vieler Forscher im Bereich der Psychologie war, daß die Elemente unserer Denkprozesse im „Bewußtsein" seriell (also nacheinander) verarbeitet werde, bevor sie schließlich zu Erkenntnissen (Kognitionen) werden. Ich halte diese Vorstellung von einer linearen, einheitlichen bewußten Erfahrung für völlig verfehlt. Im Gegensatz dazu möchte ich behaupten, daß das menschliche Gehirn modular organisiert ist. Unter Modularität verstehe ich, daß das Gehirn aus voneinander relativ unabhängigen Funktionseinheiten besteht, die parallel arbeiten. Der Geist ist kein unteilbares Ganzes, das mittels eines einzigen Verfahrens sämtliche Probleme löst. Vielmehr besteht es aus vielen spezifischen und nachweislich separaten Einheiten, die die Gesamtheit der eintreffenden Informationen verarbeiten. Die riesige und komplexe Informationsmenge, die auf unseren Geist trifft, wird in Teilmengen unterteilt und dann von vielen Systemen gleichzeitig verarbeitet. Diese modularen Aktivitäten werden häufig vom bewußten, verbalen Selbst gar nicht registriert. Deshalb sind die besagten Prozesse auch keineswegs „unbewußt" oder „vorbewußt", und sie entziehen sich auch nicht unseren Möglichkeiten, sie zu isolieren und zu verstehen. Vielmehr verlaufen sie parallel zu unserem bewußten Denken und tragen auf genau beschreibbare Weise zu unserem Bewußtsein bei. Auf der Ebene der bewußten Erfahrung fragen wir uns oft, woher bestimmte Gedanken kommen, die plötzlich in unserem Bewußtsein auftauchen. Wenn wir beispielsweise schreiben, fällt uns plötzlich ein, wie wir einen Gedanken durch eine ganz bestimmte Formulierung treffend ausdrücken können. Woher kommt ein solcher Einfall? Wir können uns so etwas nicht erklären. Offenbar haben wir nur Zugang zum Produkt des betreffenden

Gehirnmoduls, jedoch nicht zum darin stattfindenden Prozeß."

Gazzaniga beschreibt die Interaktion zwischen den bewusstseinsgenerierenden Mechanismen als das Verhältnis zwischen einem "Interpreten" und einem autonom ablaufenden interaktiven prozesshaften Geschehen: "Obgleich ein von einem jener Module produziertes Verhalten zu jeder Zeit unseres Lebens im Wachzustande zutagetreten kann, paßt sich der Interpret sofort der Situation an und entwickelt eine Theorie, um zu erklären, warum gerade in diesem Augenblick diese Verhaltensweise auftaucht. Der Interpret weiß zwar in Wahrheit nicht, woher der Impuls kam (beispielsweise) Froschschenkel zu verzehren, doch erfindet er (zum Beispiel) geschwind die Hypothese: "Weil ich mich über die französische Küche informieren will"." Eine ähnliche Selbstdeutung wird bekanntlich bei Patienten und Probanden wirksam, die posthypnotische Aufträge ausgeführt haben. Sie geben plausibilisierende Erklärungen ab, die mit dem ursächlichen Geschehen - der Hypnose und dem darin enthaltenen Auftrag - kaum etwas zu tun haben.

Welche neurobiologischen und neuropsychologischen Belege sind es aber nun eigentlich, die die Modularitätshypothese (zur Begrifflichkeit vgl. Klein 1990) besonders unterstützen? Dies sind neben den Studien an durch Unfälle, Gefäßinhalte und

Operationen hirnverletzten Patienten - der eigentlichen Domäne der Neuropsychologie und einigen wenigen Hirnstimulationsexperimenten die von Sperry, MacKay und Gazzaniga ausgeführten Studien an sog. "Split-brain"-Patienten. Hierbei handelt es sich darum, dass bei Patienten mit durch Medikamente nicht behandelbaren Epilepsien, die sich von einem "Focus" aus auf das ganze Gehirn ausbreiten, die Verbindungen zwischen den beiden Großhirnhälften im sog. "Balken" (Corpus, callosum) durchschnitten werden, was zu einer Abschwächung der Intensität des Anfallsleidens führt. Erstaunlicherweise fallen diese Patienten mit zwei getrennten Großhirnhemisphären im täglichen Leben und bei oberflächlichen Leistungstests kaum auf Nur durch subtile neuropsychologische Untersuchungen lässt sich zeigen, dass sie zwei völlig getrennte Bewusstseinsstränge ("streams of consciousness") haben, was sie allerdings nicht bemerken. So sagte beispielsweise ein Patient, dem durch eine derartige Testanordnung seine "Doppelhirnigkeit" regelrecht bewiesen worden war: "Wollen Sie mich etwa auseinanderdividieren?" Durch die Halbkreuzung der Nervenfasern in Chiasma opticum ist es so, dass das linke Sehfeld im rechten Okzipitallappen, und das rechte Sehfeld im linken abgebildet wird. Wird bei einem "split-brain"-Patienten beispielsweise der rechten Lernhälfte ein Dia mit dem Wort "Fahrrad" vorgeführt und durch eine geeignete Vorrichtung gewährleistet, dass das linke, sprachbegabte Gehirn, in dem im wesentlichen die "bewusstseinsfähigen" Inhalte erscheinen, dieses Wort nicht zu sehen bekommt, so wird vom Patienten auf die Frage "was haben Sie gesehen" geantwortet: "ich habe nichts gesehen", und dennoch ist die mit dem rechten Hirn verbundene linke Hand - wenn auch etwas ungeschickt - in der Lage, ein Fahrrad zu zeichnen.

Nun, diese Befunde können leicht dazu verfuhren, eine fatalistische und physikalistische Selbstinterpretation des Menschen, eine Desillusionierung des Personenbegriffs zu entwerfen, etwa in dem Sinne eines in dem Buch von Robert Omstein (1989): "Multimind" enthaltenen Teilaspekts, wo es heißt: "Inkonsistenz ist der Preis, den wir für die Komplexität unseres menschlichen Wesens zahlen müssen. Inkonsistenz und Widersprüchlichkeit sind Bestandteile unserer Natur, und wir sollten uns keine Illusion über unsere "Einheit" machen." Dem ist aber folgendes entgegenzuhalten: Es ist doch sehr auffällig, dass die Patienten mit "Split-brain" sich nicht als "zerfallen", nicht als Doppelperson im Sinne der "Doppelgänger"-Figuren Dostojewskis bzw. E.T.A. Hoffmanns erleben; und dies könnte zwei Gründe haben: Einerseits ist die Einheit der Erfahrung unter Normalbedingungen bei diesen Patienten viel stärker realisiert als im neuropsychologischen Experiment, in dem den beiden Gehirnhälften ja zwei verschiedene Informationen zugeführt werden. Unter Normalbedingungen ist nämlich durch die Kopfbewegungen eine ständige Überlappung der beiden Hirn-Erfahrungshorizonte gegeben. Zum anderen - und möglicherweise gewichtiger - ist es aber so, dass bei den "Split-brain"-Patienten das für die emotionale Bewertung und den effektiven Bereich zuständige limbische System keineswegs in zwei Hälften unterteilt ist, so daß gewissermaßen die Einheitlichkeit des Bewertungssystems ständig gewahrt bleibt. Insofern ist auch beim "Split-brain"-Patienten die Werte- und Gefühlswelt, die Emotionalität und Affektivität einheitlich geblieben. Lediglich die "streams of consciousness" sind stärker getrennt als wir das bei uns gewohnt sind; aber auch beim Gesunden treten üblicherweise derartige Trennungen auf, dass beispielsweise einerseits die Phantasie spazieren geht, andererseits aber – gewissermaßen automatisch – z.B. Auto gefahren wird. Insofern könnte es sein, dass der "Split-brain"-Zustand lediglich eine Akzentuierung von Auffälligkeiten des Normalzustandes darstellt, und es ergibt sich daraus möglicherweise der Hinweis, dass der subjektive Eindruck von "Einheit der Person" in viel stärkerem Maße, als dies bisher in der Neurobiologie bedacht wurde, nicht mit kognitiver Einheit, sondern mit der "Einheitlichkeit der Gefühls- und Wertewelt" zu tun hat. Wir sind in viel stärkerem Maße, als uns dies bewusst ist, Wesen, in denen Gedanken nie losgelöst von dem "Bedeutung-Haben" der Gedanken, nie ohne das Inanspruchnehmen einer Bewertung auftreten (Spaemann 1989).

9.3 Zum Personenbegriff: Einheit und Multiplizität

> *„ Ewig nur an ein einzelnes kleines Bruchstück des Ganzen gefesselt, bildet sich der Mensch selbst nur als Bruchstück aus; ewig nur das eintönige Geräusch des Rades, das er umtreibt, im Ohre, entwickelt er nie die Harmonie seines Wesens, und anstatt die Menschheit in seiner Natur auszuprägen, wird er bloß zu einem Abdruck seines Geschäfts, seiner Wissenschaft. (...) Er verwirklicht die Form, wenn er die Zeit erschafft und dem Beharrlichen die Veränderung, der ewigen Einheit seines Ichs die Mannigfaltigkeit der Welt gegenüberstellt; er formt die Materie, wenn er die Zeit wieder aufhebt, Beharrlichkeit im Wechsel behauptet und die Mannigfaltigkeit der Welt der Einheit seines Ichs unterwürfig macht. "*
>
> F. Schiller: Briefe zur ästhetischen Erziehung des Menschen (No. 6/11)

Im Vorwort zu seinem Buch „Glück und Wohlwollen - Versuch über Ethik" beschreibt Robert Spaemann (1989) die Herausforderung, die darin besteht, „daß sich beim Menschen die Integration der Partialtriebe zum Ganzen eines gelingenden Lebens nicht von selbst macht. Menschen „führen" ihr Leben, und sie müssen auch das noch lernen. Unmittelbare Triebbefriedigung und „Glückseligkeit" stehen nicht jederzeit in einer prästabilierten Harmonie." Friedrich Schiller hat unter dem Eindruck der Kantschen Philosophie den Versuch gemacht, den Menschen seiner Zeit gewissermaßen „ästhetisch" zu erziehen im Sinne einer Lenkung der Volitionen zweiter Ordnung, die auf jene der ersten Ordnung einwirken sollten. Wie immer man dies philosophisch beurteilt, – es ließe sich dagegen einwenden, dass „ästhetische Erziehung" nicht zu „freiem" Handeln führt – es zeigt, dass die zu Beginn der vorliegenden Arbeit dargestellten interaktiven Prozesse für den Personenbegriff und dessen ethische Implikationen von besonderer Bedeutung ist. So schreibt auch R.P. Horstmann in seiner Arbeit: „Welche Freiheit braucht Moral? Kant und Dennett über freien Willen": „Die meisten Menschen möchten sich und ihresgleichen als Wesen betrachten können, die über viele wichtige Dinge ihres Lebens frei entscheiden, für ihre Unternehmungen frei verantwortlich sind und die durch Vernunft bestimmbar sind. Sie wollen sich nicht als bloße Mechanismen ansehen müssen, wie hoch kompliziert auch immer diese sich zeigen. Da letzteres aber im Rahmen einer materialistischen Konzeption des Geistes unumgänglich ist, besteht eine gewisse Spannung zwischen dem durch die Naturwissenschaft legitimierten Bild vom Menschen und dem uns lieb gewordenen Selbstbild als autonomer[9] Person."

---

[9] Es scheint mir eine verlockende Vorstellung zu sein, dass der „Interpret" nicht nur beobachtet und quasi ständig „sanktioniert"

Diese von Horstmann artikulierte Spannung zwischen dem sich als multimodales, aus Subsystemen komponiertes neurowissenschaftlich erklärbares und formiertes Multikomponentensystem im Sinne des von Ornstein sogenannten „multimind" auffassenden Menschen und dem Begriff der ethisch kompetenten personalen Einheit und Identität ist es, deren Auflösung eine vertiefte Antwort auf die Frage herausfordert, wie es ist, man selbst zu seni. Denn auf der einen Seite steht das beispielsweise von Gazzaniga geprägte Konzept eines multimodalen Vielkomponentensystems, in dem das Ich als eine Art Innen-Beobachter bzw. „Interpret" lediglich die autonomen, naturalistisch geprägten bedeutungsgenerierenden Prozesse beobachtet und letztlich legitimiert, und auf der anderen Seite ergibt sich das uns vertraute Bild einer verantwortlichen personalen Einheit, die im Sinne von Willens- und Handlungsfreiheit das eigene Leben gestaltet (vgl. Daniel C. Dennett: „Bedingungen der Personalität")[10]. Wahrscheinlich wird man sagen müssen, dass

---

was geschieht, sondern auch in der Lage ist, im Sinne des „reaktiven Konzeptualisierungsdruckes" (Emrich, 1988) durch Rückgriff auf das System Verhaltensalternativen „anzufordern", was zum Konzept der „initialen Aktivität" (M. Heisenberg) passt. So ließ sich bereits an einem so einfachen Nervensystem wie dem der Taufliege Drosophila nachweisen, dass das interne Weltmodell bei experimentell erzeugten Wahrnehmungsinkonsistenzen dadurch stabil gehalten wird, dass adaptive Wahrnehmungsmechanismen auftreten.

[10] In diesem Sinne sagt O.D: Creutzfeldt (1989): „Dieser Einheit des Bewußtseins, die wir eben dadurch kennen, daß wir sie als

mit Kants Freiheitsbegriff, der impliziert, dass nie empirisch nachgewiesen werden kann, dass auch nur ein einziger Mensch je aus Freiheit gehandelt hat, auch der Begriff der Person letztlich ein Postulat bleibt.

Aber worin besteht dieses Postulat, und gibt es Hinweise darauf, wie es gewissermaßen „neurobiologisch konkretisiert" werden kann? Mir scheint es fruchtbar und sinnvoll, an dieser Stelle noch einmal den Intentionalitätsbegriff ins Spiel zu bringen. Personsein scheint mit, erschöpft sich nicht darin, dass Metarepräsentationen von Gefühlen auftreten, sondern der wesentliche Punkt scheint mir zu sein, dass Personen durchgängig durchschauen, dass sie Zentren von Bedeutungswelten sind. Robert Spaemann hat darauf hingewiesen, dass das Personsein insofern abstrakt ist, als es nichts gibt, auf das ich zeigen kann, um meine Person als solche zu definieren. Person ist gewissermaßen kein „dieses da", Personsein definiert sich aus sich selbst heraus (s. auch obiges Schiller-Zitat) als der Vollzug einer Intentionalität zweiter Ordnung im Sinne des Gewahrwerdens der Bedeutungen von Bedeutungen. So sagt der Bremer Neurophysiologe Roth: „Wir finden uns auf der Bedeutungsebene vor." So könnte man

---

Möglichkeit der Erfahrung unentbehrlich brauchen (Kant, Kritik der reinen Vernunft, S. 420) steht doch gerade die Erkenntnis der Neurobiologie über räumlich-zeitliche Erregungsverteilungen über eine weite Flächte, nämlich immerhin über 0,35 m^2 (oder 3500 cm^2 Hirnrinde), entgegen."

formulieren: Person-Sein heißt, den Vollzug des Bewusstsein-Habens bemerken; erleben können: ich finde mich auf der Bedeutungsebene vor, ohne dass damit impliziert wäre, als wer, wann und wo. Beim Personsein ist es nun aber nicht so, dass derjenige, der Person ist, sich notwendigerweise als bedeutungsgenerierendes Zentrum selbst erlebt – in diesem Sinne ist Personsein nicht solipsistisch –, sondern vielmehr kommt seine Wirklichkeit, seine Welt, sein Erleben, in bedeutungsvoller Weise auf ihn zu (F.H. Jacobi spricht von „vernehmender Vernunft"), ohne dass ihm bewusst ist, dass er in gewissem Sinne selbst „bedeutungsgenerierendes Zentrum" ist. Andererseits aber ist mit dem Personsein unmittelbar verknüpft die unabweisbare Anerkenntnis der Existenz anderer Personen, d.h. es wird anerkannt, dass andere Wesen – eben Personen – in eben derselben Weise wie das betrachtende Subjekt, Im Zentrum einer Werte- und Bedeutungswelt stehen. Mit anderen Worten: für das Personsein ist konstitutiv die Anerkenntnis des Personseins anderer, worauf auch Dennett in „Bedingungen der Personalität" hinwies. Im Hinblick auf die thematisierte Frage nach der Einheit der Person ist nun dabei zu klären, inwieweit die intrapersonale Integration eine unverzichtbare Voraussetzung für das Personsein schlechthin darstellt. Wenn im Sinne der oben dargestellten neurobiologischen Mechanismen die inter- und multimodale Integration nicht realisiert würde, d.h. wenn zwischen verschiedenen Persönlichkeitszentren (z.B. im Sinne der multipersonality disorder) stets verschiedene Personen in einem Menschen vorhanden wären, dann wäre eine Metarepräsentation im Sinne der Volitionen zweiter Ordnung gar nicht möglich, mit anderen Worten: es müssten dann entweder Volitionen zweiter Ordnung vorhanden sein, so dass die Frage nach Volitionen dritter Ordnung usw. erhoben werden müsste, die diese wieder zusammenfassen würden, oder das ganze System könnte nicht als Person akzeptiert werden.

In diesem Sinne scheint es so zu sein, dass die Verwirklichung von Einheit der Person nicht etwas ist, was gewissermaßen naturgegeben, von vornherein manifest in uns vorhanden ist – bei vielen Menschen ist offensichtlich, dass die Einheitlichkeit der Willensbildung vage bleibt, dass sie willkürlich und inkonsistent erfolgt. Vielmehr scheint es so zu sein, dass die Manifestation von „Personsein" eine immer neu sich uns stellende Aufgabe darstellt im Sinne der Integration, des gewissermaßen Vollständigwerdens – im Sinne eine Hegel-Assoziation – des gesamten seelisch-geistigen Daseins.

Die vorliegende These von der „'Einheit der Person' als Grenzbegriff" deckt sich übrigens weitgehend mit der von Daniel Dennett in seinem Artikel „Bedingungen der Personalität" vertretenen These insofern, als auch er den Personenbegriff als „Kontinuum" auffasst: „Der moralische Begriff einer Person und der metaphysische Begriff einer Person sind nicht zwei separate und distinkte Begriffe, sondern nur zwei verschiedene unstabile Anhaltspunkte auf demselben Kontinuum."

Dass wir dies *in nuce* auch neurobiologisch offensichtlich vorgängig schon sind, ergibt sich aus folgender Überlegung: Wenn es richtig ist, dass Wahrnehmung immer zu einem – wenn auch gelegentlich nur „momentanen" – eindeutigen „Endergebnis" eines komplexen Interaktionsprozesses führt, dann steckt im Wahrnehmungsprozesse selbst bereits die Tendenz, aus einer Vielheit von Teilkomponenten ein einheitliches Bild zu konstruieren, d.h. eine Vereinheitlichungstendenz, die sich auch dann durchsetzt, wenn das Wahrnehmungsresultat eine extrem simplifizierende Abstraktion darstellt, die den objektivierenden „view from nowhere" (Th. Nagel) in scheinbar unendliche Ferne rückt. Aber diese seltsame Mischung aus Subjektivität und Objektivität ist es eben, die unser Leben ausmacht.

Robert Ornstein spricht in seinem Buch „Multimind" davon, es sei ein Ziel des Menschen, seine Multimind-Natur zu erkennen: „Wir sind erheblich gefährlichere Tiere als wir es gerne glauben würden. Aber wir sind erheblich wandlungs- und entwicklungsfähiger als wir uns manchmal träumen lassen. Wir können etliche der multiplen Fähigkeiten unseres Geistes weiterentwickeln oder überhaupt erst wecken und fördern. Der erste Schritt in diesem Prozess besteht im Begreifen und Akzeptieren der multiplen Natur unseres Geistes." Hierbei stellt sich allerdings die Frage, unter welcher Perspektive dieses „Begreifen und Akzeptieren" erfolgen soll. Würde es beinhalten, die Diversifikationen unserer „multimind-Natur" noch zu verstärken, so würde dies den nihilistischen Hedonismus, der unser Jahrhundert so sehr bestimmt, noch weiter verstärken. Vielmehr kann diese Anerkenntnis nur bedeuten, die personale Einheit als Ziel seelisch-geistiger Integration zu vervollkommnen und im Sinne der wesentlichen Aufgabe der Psychotherapie eine „Versöhnung" zwischen unbewussten und bewussten Intentionen zu ermöglichen. In diesem Sinne ist Einheit der Person als Grenzbegriff eine vektorielle Größe, die uns auffordert, das zu werden, was wir irgendwo *in nuce* vorgängig schon sind.

10.0 Überempirisches Vertrauen – überempirisches Misstrauen – Zum XII. Bild

Das Krug-Zerbruchs-Drama neigt sich seinem Ende zu; und immer drängender wird die Frage: was ist eigentlich die Botschaft des Stückes? Wenn die eingangs vertretenen Thesen irgendwie richtig sind, dass die Abfassung dieses Werkes eine künstlerische Bewältigung von Kleists Kant-Krise dargestellt und dass diese eine Teleologie-Krise in dem Sinne war, dass es dabei um Legitimation von Dasein, d.h. Vertrauen in den Sinn der Schöpfung schlechthin ging; wenn ferner die These richtig ist, dass der Krug eine Art Abbild eines inneren Kosmos darstellt – zugleich allerdings auch eines sozialen und metaphysischen – dann ist zu erwarten, dass sich im XII. Bild eine Art „Lösung" des Problems, zumindest ein Hinweis darauf ergibt, in welcher Richtung Kleist die im „Krug" aufgeworfene „existentielle" Problematik aufschlüsseln zu können glaubte. Zurecht ist verschiedentlich darauf hingewiesen worden, dass „Vertrauen" ein Zentralthema des „Zerbrochnen Kruges" darstellt (vgl. z.B. die Diskussion im Kleist-Jahrbuch 1981/82 nach dem Referat von Dirk Grathoff) – dieses Thema wurde eingangs ja bereits skizziert. Nun fällt allerdings auf, dass in der Figur Eves in merkwürdiger Weise das Postulat „überempirischen Vertrauens" (eine Kleistsche Forderung an seine Verlobte W.; hier Eves Forderung an R.) kontrastiert mit ihrem quasi „überempirischen Misstrauen", das sie gegenüber den Machenschaften der Regierung hat, nachdem die Attest-Angelegenheit gescheitert ist. 11 Sie ist weiterhin der Meinung, dass Adam ihr hinsichtlich der Geheimorder in Richtung Batavia die Wahrheit gesagt hat, und dass Gerichtsrat Walter nur so reden muss („Ich weiß, Ihr seid verbunden, so zu reden") – aus Gründen der Staatsraison – wenn er sagt, R. komme in eine Landmiliz, wird ein Utrecht bleiben.

Welches sind nun die Mittel, die aufgeboten werden, um dieses Misstrauen bei Eve zu überwinden? Es sind dies: Antlitz, Geldwette und Auge Gottes (der Kuss schließlich dient zur Besiegelung des Vertrauenspakts; „Bewährung des Antlitzes"). Dieses kraftvolle Aufgebot zum regelrechten „Erzwingen" der Wiederherstellung von Vertrauen ist erforderlich, weil Eve ja eine enorme „Panne" passiert ist: die Liebe reicht *nicht* aus, um Vertrauen stabil zu halten: Ruprecht sagte ihr in der entscheidenden Situation stattdessen: „…das dauert mir zu lange, Evchen. Was ich mit Händen greife, glaub ich gern". Entweder ist überhaupt kein Vertrauen (wir dürfen ergänzen: in dem sinn der Schöpfung) gerechtfertigt, oder es muss von woandersher kommen als von der (empirischen) Liebe allein.

---

11 Adams Rolle hierbei („Verführung") wird in der gründlichen Arbeit von Peter Michelsen „Die Lügen Adams und Evas Fall" besonders herausgestellt.

Es kommt von woanders her und hat eine derartig starke Wirkung, dass R. begeistert in den dieses Vertrauen besiegelnden und krönenden Kuss einwilligt („Und einen tüchtigen. So. Das ist brav"). Wie sind nun dieses „Vertrauengenerierungsrepertoire" – so sei es hier einmal genannt – nach und nach (es handelt sich um einen Stufenplan) aufgebaut? Die erste Stufe ist die des vertraueneinflößenden Antlitzes; Eve spricht zum Gerichtsrat von dessen „menschlichen Zügen", die ihm „vom Antlitz strahlen". Antlitz hat nun aber eine interaktive Funktion, d.h. s funktioniert in beiden Richtungen (deshalb fodert Wlater ein: „Du hast mir Deines Angesichts Züge bewährt, ich will die meinen Dir bewähren"); und – und das ist hier besonders wichtig – es kann trügen; mit anderen Worten: es muss „bewährt" werden. Die Antlitz-Stufe reiht bei Eves Misstrauen zu dessen Überwindung allerdings offensichtlich nicht aus („Ich glaub Euch ja, Ihr hörts, so wie Ihrs meint"). Die nächste Stufe ist die der Wette: ein zur damaligen Zeit probates Mittel (das beispielsweise Kant vorgeschlagen hat), um die Ernsthaftigkeit und Unumstößlichkeit einer Meinung festzustellen. Interessanterweise kommt Eve da etwas ins Wanken, zeigt eine gewisse Unschlüssigkeit, ist aber noch nicht wirklich überzeugt. Die Wette läuft so: wenn sie recht hat, wird ihr das Geld und damit Ruprechts Leben geschenkt – wenn sie aber unrecht hat, gehört ihr das Geld nicht – und sie muss sogar Zinsen zahlen.

Interessanterweise schlägt hier der „Doppelbedeutungsindikator" (s. Kap. 8) noch voll zu: „Walter (2345): Bleib. Mein Versprechen will ich lösen." Doppelbedeutungen: Gelöbnis, Versprechen / einlösen, auflösen); 2365: „Ruprecht: Pfui! s´ist nicht wahr" Es ist kein wahres Wort!" Doppelbedeutung: …was Adam sagte; was Walter sagte). 2366: „Eve: Da nehmt ihn! Nehmt ihn! Nehmt ihn!" Doppelbedeutung: Ruprecht zur Armee; d.h. auch für den Zuschauer wird durch Textdoppeldeutigkeiten noch signalisiert, dass man nicht wissen kann, ob Vertrauen gerechtfertigt ist oder nicht. Die dritte Stufe schließlich, die die Sache (das Misstrauen) zum Kippen bringt, ist das Vorzeigen des Königsantlitzes, das „Auge Gottes". Diesem Argument lässt sich nicht mehr widersprechen („O Jesus! Dass ich nicht solche Münze mehr erkenne!"), und Eves „überempirisches Misstrauen" ist besiegt. Das Siegel dessen ist die Berührung von Antlitz mit Antlitz (Kuss), einer Symbolik, die, jedenfalls in dieser Hinsicht, jenseits der Erotik steht.

Allerdings, so dialektisch ist der Text gebaut: es ist nicht zu verkennen, dass Walter als Figur auch noch ein Eigeninteresse an dem Kuss hat, denn er „verspürte" ja „große Lust" in sich, „der Sache völlig auf den Grund zu kommen", als einer, der „einen Fehltritt verzeihen kann". Dass dieser Strang auch existiert, macht die Figur nur umso glaubwürdiger, sollte uns aber nicht davon abhalten, den symbolischen Anteil des Kusses adäquat einzuschätzen.

Gegen diese Thesen ließe ich allerdings Folgendes einwenden: wenn schon mit Dirk Grathoffs soziologischer Arbeit „Der Fall des Krugs" argumentiert wird, so ergibt sich doch gerade aus dieser, dass die Münze des Spanierkönigs für Fremdherrschaft und damit Unfreiheit, d.h. gegen die Selbstverwirklichung des Gehalts der Krug-Erzählung (Identitätsgindung im Freiheitskampf gegen die Spanier als „Wassergeuse") steht. Wieso soll dann diese Münze ein positives Symbol für die Rechtfertigung von Vertrauen darstellen?

Hierzu ist von der Interpersonaltheorie aus zu bedenken: Folge von wechselseitigem Vertrauen ist die Etablierung eines intersubjektiven Anerkennungsverhältnisses, d.h. der Andere wird aus der Objektstufe, aus der Objekthaftigkeit meines Anblickens (Sartre) bzw. meiner Projektionen (A. Schnitzler) zum „Anderen als Andrem" erhoben, d.h. er ist für mich in seiner Andersheit Subjekt (cf. z.B. Fichtes Interpersonaltheorie). In neuerer Zeit wurden diese Zusammenhänge vor allem von dem französischen Philosophen Emmanuel Levinas durchgearbeitet. Er zeigte, dass ein Anerkennungsverhältnis – wegen eines gewissen Subjektüberschusses auf der jeweiligen „Ich"-Seite – nur dann ausgewogen ist, wenn die Position des Anderen angehoben wird: „Der Andere ist der Hohe" (Levinas); d.h. Anerkennung hat auch mit Unterwerfung unter die Subjekthaftigkeit und Andersheit des Anderen zu tun; und diese wird durch Vorzeigen der Spaniermünze repräsentiert. Von dieser Warte aus betrifft auch die Symbolik des Kusses eine noch tiefere Dimension: paradoxerweise geht es dabei nämlich gerade nicht um das zum Objekt Machen des Anderen, sondern um dessen Aufhebung; denn gerade das Anerkennungsverhältnis, das im Kuss besiegelt wird, ist ein solches, in dem die Objekthaftigkeit und „Totalisierung" des Anderen (wie Levinas sagt) überwunden wird.

Was folgt nun eigentlich hieraus? Simpel gesprochen könnte man sagen: es folgt daraus, dass es erheblicher Anstrengungen bedarf, einen misstrauisch gewordenen, einen enttäuschten Menschen, wieder zum Vertrauen zu bringen. Wenn man nun zeigt, dass dies so ist und gleichzeitig Walter als einen Schurken zeigt, der den Hintergedanken hat, Ruprecht muss im Wirklichkeit doch nach Batavia: wo ist dann die Kleistsche Pointe? Sie fehlt dann offenbar. (Es ist ehe anzunehmen, dass Kleist wirklich zeigen wollte, dass Vertrauen gerechtfertigt ist.) Ein zusätzliches Argument für die Richtigkeit dieser Thesen ergibt sich übrigens aus Ruprechts Wandlung, wie sie von Ilse Graham in dem oben erwähnten Aufsatz dargestellt wurde. Diese hat ja mit der Dialektik von „Sehen/Sehen" zu tun und besagt, dass Ruprecht, nachdem er begriffen hat, dass er sehend für das Wesentliche blind war, als er sagte: „Meine Seel, was ich mit Händen greife, glaub´ ich gern", und dass er später hinsichtlich des wahren Sehens dazugelernt hat: Zitat aus I. Graham: „'Blind ist auch nicht übel. / Ich hätte meine Augen hingegeben, / Knippkügelchen, wer will damit spielen'. Diese Worte bekunden nicht nur sein Leiden; sie bezeugen auch eine dunkle Ahnung von dessen Ursache. Der Vergleich seiner Augen mit Murmeln – ein noch konkreteres Bild als das, was er vorher gebraucht hatte – besagt in seiner unumwundenen Geringschätzigkeit, dass Ruprecht dahin gekommen ist, den Wert sinnlicher Wahrnehmung und der durch sie erschlossenen empirischen Wirklichkeit anzuzweifeln. In der Tat, seine letzte Anspielung auf das nächtliche Geschehen zeigt, dass er seine Lektion gelernt hat: 'Heut streust du keinen Sand mir in die Augen', ruft er aus, als Adam ihn zum letzten Mal in die Irre zu führen sucht. Aus seinem Gebrauch einer gängigen Redewendung mit ihrer allgemein verbürgten metaphorischen Bedeutung können wir folgern, dass er den tieferen Sinn seines 'Falls' begriffen hat." Wieso sollte also ausgerechnet der sehend gewordene Ruprecht nach Kleists eigener Vorstellung auf einen Betrug Walters hereinfallen= Das ergäbe weder logisch noch künstlerisch einen Sinn.

In dieser kritischen Situation sollte man sich daran erinnern, wofür das ganze „Wach-Traum-Spiel" eigentlich steht: für einen inneren Kosmos (cf. Abb. 3). Das soziale Gewissen (Walter) muss mit den Forderungen der Seele (Anima; Eve) versöhnt werden. Die Versöhnung ist aber nur möglich, wenn ein innerer

Vertrauensvollzug tatsächlich realisiert und in sich selbst - in seinem Vollzug – auch legitimiert wird. Ob dies letztlich – im Sinne des *Beweises* – gerechtfertigt ist, bleibt wie in Kants „Kritik der Urteilskraft" (und, nebenbei bemerkt, in Kants „Kritik der praktischen Vernunft") in der Schwebe: es bleibt ein sinnvolles, ein lebensnotwendiges Postulat: nicht mehr und nicht weniger. Gerade das scheint der philosophische Drehpunkt des „Zerbrochnen Kruges" im Endergebnis zu sein, und deshalb ist eine Spielweise notwendig, die genau dies ausbalanciert und es somit letztlich offen lässt, of Walter/Licht nun die Wahrheit sagen oder nicht.

Insofern hat Andrea Breth, indem sie diese doppelsträngige, widersprüchliche Botschaft Kleists in die komplizierte Wertewelt der Gegenwart übersetzte, für ihre Inszenierung einen gültigen Schluss gefunden: dies insbesondere im Hinblick auf Eve, die letztlich nur zu ihrer Natur Vertrauen hat – und so streichelt sie in ihrer Adamserinnerung sachte das Perlhuhn …

11.0 Anhang: Auszug aus meinen Probenprotokollen

XII. Akt, 20.10., vormittags (Probenbühne Rosenhügel)

Vorbesprechung: Es muss ein neuer Schuldiger gefunden werden, nachdem das bisherige Resultat einen Justizskandal darstellt. Dadurch kippt die Sache noch einmal auf Eve. Eves Aussage: „Wie schändlich von Dir ..." impliziert, dass es auch eine Schändlichkeit von ihr gibt. Das Abstraktum Justiz muss gerettet werden, deswegen dürfen Ruprecht und Eve nicht nach Hause gehen, und es muss eine intensive Schuldsuche erfolgen. Dabei gibt es eine „chorische Empörung" über Adam; Briggy z.B. ist enttäuscht und gibt nur ungern zu, dass sie sich geirrt hat. Die spanische Münze steht für die Unterdrückung; Eve hat sich Walter zu unterwerfen, nämlich der Verbindung aus Justiz und Staat. Der Kuss bedeutet Erreichen ihres Stillschweigens; d.h. Eve schweigt zum Schluss aus anderen Gründen als zu Beginn.

Die Entjungferung muss nicht als real gedacht werden, sondern sie vollzieht sich bei Eve und Ruprecht im Kopf: Adam macht den Verlobten Eves zum Mann, der in der Taxushecke hockt. „Alter Richter, wo denkst du hin?! Adams Leben wird zerstört; und dies äußert sich in seinem Bekenntnis: Ach hätt´ ich doch dieses Perlhuhn nicht kennengelernt! Das Subjekt (Eve) wird durch den Kuss zum Objekt. Marthe spürt, dass man dies nicht hinnehmen kann. Die Frage Marthes über das Schicksal des Kruges muss sich an das Publikum richten; es darf nicht zum Schluss zu einem „Versuppen" in Ästhetik kommen, sondern die Menschen müssen direkt angesprochen werden.

Text	Subtext	Gänge	Bemerkungen
WALTER Was wir's zu wissen brauchen? So denk ich nicht.	Wie bitte, was haben Sie gesagt? Wer spricht hier? Ja richtig, das ist es: eine Sternstunde kommt; jetzt fühl' ich mich wieder! – Jetzt kommt ein furchtbarer Prozess.	W. setzt sich bei „nicht". Damit ist das Gericht wieder eröffnet. Licht setzt sich in seinen Schreibstuhl. Bedienter drängt Marthe nach hinten.	Walter macht plötzlich ernst, wird zum Richter, will die Ehre des Gerichts retten und Eve „in die Pfanne hauen", setzt sich in den Gerichtsstuhl (für ihn ist es so, wie wenn ein Statist bei der Probe sagen würde: die Probe ist beendet: nein, meine Damen und Herren, wir sind ja mitten drin!)

Text	Subtext	Gänge	Bemerkungen
Wenn Jungfer Eve will, dass wir an ihre Unschuld glauben sollen: (d von „Unschuld" weich betont!), so wird sie, wie der Krug zerbrochen worden ...	Unnahbar, durch das Publikum hindurchschauend, monoton redend: Jungfer Eve (Eve prononciert ausgesprochen: die will also etwas!) falls sie eine ist, ... „Wie" ist betont; öffentliche, rhetorisch gekonnte Überbügelung srede, d.h. 1. wie 2. umständlich 3: nach dem Hergang; diese Reihung betonen in bösartig/ vorwurfsvoller Weise.		Marthe drückt einen Protest deutlich aus. Briggy stimmt zu; Marthe und Eve protestieren, aber in verschiedener Weise; Marthe: Protest der Sprachlosigkeit. Briggy fixiert Eve scharf, sie soll jetzt reden und stimmt Walter 500%ig zu.

Text	Subtext	Gänge	Bemerkungen
EVE: Herr! Wenn Ihr jetzt nicht helft, sind wir verloren! WALTER: Verloren? Warum das?	Auf Walter wirkt das wie der Hiusum´sche LOLITA-Blick; Verloren: Genau! Nun sag doch mal, was Du verloren hast; böse, ungemütlich. „Warum" betont.		Es bricht eine neue Zeit an. Askese bricht aus; alles wird kontrolliert, alles wird bespitzelt, alles wird „gedreht"; Mägde sind plötzlich total angepasste Figuren; neue Begriffe werden erfunden, die dann nichts mehr bedeuten. Es bricht der neue Staat an, die Schluderei ist weg. Alle machen´s mit: „rette sich wer kann."

Text	Subtext	Gänge	Bemerkungen
EVE: Errettet Ruprecht von der Konskription – der Richter Adam hat mir´s als Geheimnis anvertraut „„	Ich sag´s, auch wenn es noch so politisch ist und wenn ich noch so sehr eine zittrige Stimme kriege, ich sag´s! Gegen den Widerstand von M. und Br.		Redet völlig konfus durcheinander, um nicht wieder unterbrochen zu werden. „Richter Adam" ist betont; Text nicht als Information sprechen.

Text	Subtext	Gänge	Bemerkungen
EVE: Nach Bantam, gnädger Herr, verleugnet´s nicht! ... die stille, heimliche Instruktion, die ... von allem unterrichtet.	Eve fordert bei W. ein, dass er sein Wissen zugibt.		Bei den übrigen entstehen Zweifel.
WALTER: O unerhört, arglistiger Betrug – Der Brief ist falsch!	Walter sagt dies Wort „Betrug" zu Licht und zum Bedienten (1). Der Brief ist „falsch" sagt er zu Eve (2)..		
EVE: Falsch? WALTER: Falsch, so wahr ich lebe" Herr Schreiber Licht, sagt selbst ...	Da kommt nichts dazwischen.	Eve will zum Brief hin, der nun bei L. ist; wird aber vom Bedienten zurückgedrängt. Nach „so wahr ich lebe" setzt W. sich wieder in den Richtstuhl.	Licht studiert den Brief.

Text	Subtext	Gänge	Bemerkungen
LICHT: Die Ordre! Was! Der Sünder, der! Ein Wisch, den er mit eignen Händen aufgesetzt!	Wie kann man denn so blöd sein, Jungfer Eve, nicht zu sehen, dass das ein Wisch ist;		Scheindemokratie: wir zeigen alles offen!
Die Truppen, die man anwarb, sind bestimmt zum Dienst im Landesinneren ...	Licht erklärt dies seinen Mitbürgern wie Klippschülern; Licht´s große Minute.	Licht hampelt mit dem Wisch herum, Blick geht aber zu W. Eve ist fassungslos; muss sich setzen.	Die Leute werden verarscht und merken es nicht, außer – vielleicht – Marthe.
EVE: Nein, nimmermehr, ihr Herrn?	Wenn das so ist. Dann war ja alles Quark, was mir da nachts widerfahren ist.		
WALTER: Bei meiner Ehre!	Definitiv; endgültig; jetzt Schluss davon!		

Text	Subtext	Gänge	Bemerkungen
EVE: O Himmel! Wie belog der Böswicht mich! Denn mit der schrecklichen Besorgnis eben, quält´ er mein Herz …	Gott, wie hat der mich belogen, wenn das nun nicht mehr stimmt; dann weiß ich überhaupt nicht mehr, was stimmt … Es kann doch gar nicht gelogen gewesen sein!		Jetzt geht es aber um Eve´s Ehre: Denken, dass ihr im Kopf rumrast; das darf doch nicht sein, dass die Welt so ist, wie Ihr mir die Welt jetzt darstellen wollt.